Como Despertar Seu Verdadeiro Potencial

PARAMHANSA YOGANANDA

Como Despertar Seu Verdadeiro Potencial

A Sabedoria de Yogananda

Tradução
GILSON CÉSAR CARDOSO DE SOUSA

Editora
Pensamento
SÃO PAULO

Título do original: *How to Awaken Your True Potential.*
Copyright © 2015 Hansa Trust.
Copyright da edição brasileira © 2019 Editora Pensamento-Cultrix Ltda.
Publicado originalmente por Crystal Clarity Publishers, 14618 Tyler Foote Road, Nevada City, CA 95959, www.crystalclarity.com.
1ª edição 2019. / 1ª reimpressão 2021.
Todos os direitos reservados. Nenhuma parte deste livro pode ser reproduzida ou usada de qualquer forma ou por qualquer meio, eletrônico ou mecânico, inclusive fotocópias, gravações ou sistema de armazenamento em banco de dados, sem permissão por escrito, exceto nos casos de trechos curtos citados em resenhas críticas ou artigos de revista.

A Editora Pensamento não se responsabiliza por eventuais mudanças ocorridas nos endereços convencionais ou eletrônicos citados neste livro.

Capa Tejindra Scott Tully.

Editor: Adilson Silva Ramachandra
Gerente editorial: Roseli de S. Ferraz
Produção editorial: Indiara Faria Kayo
Editoração eletrônica: Mauricio Pareja da Silva
Revisão: Claudete Agua de Melo

Dados Internacionais de Catalogação na Publicação (CIP)
(Câmara Brasileira do Livro, SP, Brasil)

Yogananda, Paramhansa, 1893-1952
 Como despertar seu verdadeiro potencial : a sabedoria de Yogananda / tradução Gilson César Cardoso de Sousa. — São Paulo : Editora Pensamento Cultrix, 2019.
 Título original: How to awaken your true potential
 ISBN 978-85-315-2075-4
 1. Autorrealização 2. Desenvolvimento pessoal 3. Espiritualidade 4. Vida espiritual I. Título.

19-27547   CDD-294.544

Índices para catálogo sistemático:
1. Sabedoria oriental : Espiritualidade : Hinduísmo 294.544
Maria Alice Ferreira — Bibliotecária — CRB-8/7964

Direitos de tradução para o Brasil adquiridos com exclusividade pela EDITORA PENSAMENTO-CULTRIX LTDA., que se reserva a propriedade literária desta tradução.
Rua Dr. Mário Vicente, 368 — 04270-000 — São Paulo — SP
Fone: (11) 2066-9000
http://www.editorapensamento.com.br
E-mail: atendimento@editorapensamento.com.br
Foi feito o depósito legal.

Sumário

Capítulo 1: Um Convite Sagrado 7

Capítulo 2: Controle seu Destino 13

Capítulo 3: Escolha a Liberdade, não a Pobreza 21

Capítulo 4: Livre-se dos Hábitos que o Limitam 29

Capítulo 5: Cultive Bons Hábitos 45

Capítulo 6: Use o Poder de sua Mente 59

Capítulo 7: Descubra sua Verdadeira Natureza em Silêncio 75

Capítulo 8: Contate Deus por Meio da Devoção, da Prece e da Meditação 87

Capítulo 9: Técnicas de Meditação 99

Capítulo 10: Viva seu Verdadeiro Potencial 115

Apêndice 129

Ananda Sangha no mundo 133

The Expanding Light 134

Capítulo 1

Um Convite Sagrado

Saia do seu recinto fechado da limitação. Inspire o ar puro dos pensamentos vitais. Expire os pensamentos tóxicos do desencorajamento, do descontentamento, da desesperança. Jamais sugira, à sua mente, as limitações humanas da doença, da velhice ou da morte, mas lembre sempre a si mesmo: "Eu sou o Infinito, que se tornou meu corpo".

Faça longas jornadas mentais no caminho da autoconfiança. Exercite-se com as ferramentas do tirocínio, da introspecção, da iniciativa. Regozije-se incansavelmente no pensamento criativo, consigo mesmo e com os outros.

Acima de tudo, cultive o hábito da meditação. Essa é a chave interior que você gira para se conectar com o Infinito. Concentre-se ao máximo nos efeitos posteriores da meditação. Você descobrirá então que há um reservatório de poder em seu corpo, mente e alma. Mantendo o tempo todo na mente os serenos efeitos posteriores da meditação, sentindo a imortalidade no corpo e o oceano da bênção divina sob as ondas mutáveis das experiências, a alma consegue encontrar um rejuvenescimento perpétuo.

Todos vocês são deuses, saibam disso. Olhem para dentro. Por trás da onda de sua consciência está o mar da presença de Deus. Reivindiquem seu Direito de Nascença Divino. Despertem e verão a glória de Deus.

— Paramhansa Yogananda

Caro Leitor:

Paramhansa Yogananda oferece uma visão de quem você é verdadeiramente. Seguindo seu sábio conselho, você poderá se desvencilhar das atitudes e pensamentos limitadores para descobrir a liberdade e a bênção que o esperam na serenidade interior de seu próprio ser.

A meditação é amplamente recomendada hoje por especialistas em muitos campos, dos profissionais de saúde aos ídolos do esporte. Yogananda vai apresentá-lo à meditação e ajudá-lo a descobrir o enorme potencial dessa prática. Você aprenderá que a meditação pode levá-lo para além de uma vida livre de estresse, para além até da paz interior, encaminhando-o para a percepção de seu próprio eu superior, de seu verdadeiro potencial.

As palavras de Yogananda têm a força da inspiração da alma e guiarão você ao longo dos passos essenciais que o libertarão das limitações: transformar seus hábitos cotidianos, descobrir o poder de sua mente, usar a meditação para vivenciar sua verdadeira natureza e, por fim, tornar sua vida exterior um reflexo de sua consciência em constante expansão.

Como Yogananda gostava de dizer: "Chegou a hora de conhecer Deus!"

— *Chrystal Clarity Publishers*

Capítulo 2

Controle seu Destino

❋1❋

Você é hoje aquilo que fez no passado. Graças aos traços secretos, invisíveis, de suas próprias ações anteriores, você controlou o poder de suas ações presentes.

Pela lei de causa e efeito que governa nossos atos, você ordenou a si mesmo punições ou recompensas. Provavelmente, já sofreu o bastante. Chegou então a hora de se conceder liberdade condicional e sair da prisão de seus próprios hábitos indesejáveis do passado. Como você é o juiz, se estiver pronto para libertar-se, nenhum cárcere de sofrimento, pobreza ou ignorância conseguirá detê-lo.

❋2❋

Se você fracassar repetidamente, não desanime. Os fracassos devem servir de estímulo e não de veneno para seu crescimento material e espiritual. O período de fracasso é a melhor estação para plantar as sementes do sucesso. Arranque a erva daninha do fracasso e inicie com vigor aquilo que deseja realizar. O peso das circunstâncias pode esgotá-lo, mas mantenha a cabeça erguida.

A morte na tentativa de vencer é sucesso; recuse-se a alimentar a consciência de derrota. Sempre tente mais uma vez, não importa quantas vezes já tenha fracassado. Persevere ainda um minuto na corrida para o êxito, quando deu o melhor de si e acha que não pode dar mais.

Exemplo: *A* e *B* lutavam no ringue por um prêmio. *A* pensou: "Golpeei várias vezes e já não posso continuar". *B* pensou a mesma coisa. Mas então *A* decidiu: "Não, ainda conseguirei dar mais um golpe". Assim, *A* fez um esforço hercúleo e nocauteou *B*. É isso que você deve fazer. Desfira *mais um golpe*.

※3※

O hábito é um mecanismo mental automático para agir sem que a força de vontade e o esforço sejam mobilizados a fim de iniciar ações novas. O hábito torna a ação mais fácil. Bons hábitos e virtudes são qualidades que sempre geram alegria.

Quando usado de maneira errada, esse mecanismo se torna o arqui-inimigo do homem. Maus hábitos atraem coisas ruins. Maus hábitos e pecados são enxertos temporários e danosos na alma.

É lamentável a pessoa ser coagida a fazer o mal contra a vontade, por força de um mau hábito, e depois sofrer devido às más ações praticadas. E é maravilhoso fazer habitualmente o que é certo, multiplicando assim a bondade e a felicidade.

A força do hábito domina a vida do homem. Muita gente passa a vida tomando boas resoluções mentais, mas nunca consegue praticar o que é saudável. Em geral, não fazemos o que planejamos, mas apenas o que estamos acostumados a fazer.

Não se sinta indefeso caso tenha alguns hábitos indesejáveis. É hora de começar a vencê-los desenvolvendo a força de vontade e o costume da meditação correta e frequente. Você pode se livrar das garras dos maus hábitos e criar atitudes de pensamento e ação que lhe deem os resultados pretendidos.

❋4❋

Se você não tem força de vontade suficiente, tente desenvolver o poder do "não quero". Quando estiver à mesa e a sra. Gula tentar anestesiar seu autocontrole para você comer mais do que deveria, observe-se. E, depois de ingerir a quantidade e a qualidade certas de alimentos, diga a si mesmo: "Não quero comer mais" — e levante-se rapidamente da mesa. Se alguém chamar: "John, volte aqui, você se esqueceu dessa deliciosa torta de maçã", responda: "Não quero".

❋5❋

A única maneira de vencer a tentação é saber que existem coisas superiores a ela. Quando a tentação vier, a *primeira* medida a tomar é deter a ação ou o impulso. Quando ela se for, *só então* raciocine, pois a tentação não nos deixa raciocinar. Apenas diga "não", levante-se e vá embora. Essa é a maneira mais segura de destruir a tentação. Quanto mais você fortalecer o "não quero" perante a tentação, mais feliz será, pois a felicidade depende da capacidade de fazer as coisas que devemos fazer.

O hábito se agarra como um polvo ao cérebro e obriga você a fazer determinada coisa. Você não quer, mas faz. Nunca se permita ser vítima de hábitos errados. Lembre-se de que deve ser o chefe de você mesmo. Não deixe que nada nem ninguém o controle. Se algo indesejável se tornar um hábito para você, é tempo de interrompê-lo.

Em geral, não gosto de ordens. Quando você ordena que alguém não faça alguma coisa, ele parece ficar ainda mais determinado a fazê-la. O sabor do fruto proibido é doce no começo, mas amargo no fim. Tome bastante cuidado para que ninguém interfira em sua felicidade.

❖6❖

O homem que se julgava imune à tentação

O sr. J. era um beberrão inveterado. Mas, depois de conhecer um santo, fez votos de parar de beber. Ordenou aos criados que escondessem seu vinho caríssimo em caixas trancadas, que ficassem com a chave e só servissem a bebida a seus amigos. Por algum tempo, o sr. J. se sentiu feliz com a força de sua resolução contra o álcool. Não tinha consciência do poder invisível do hábito da bebida.

Tempos depois, sentindo-se imune à tentação do álcool, pediu aos criados que lhe devolvessem a chave das caixas de vinho, para ele próprio servir os convidados. Julgando-se mentalmente seguro, achou que era trabalhoso demais descer à adega para pegar as garrafas e decidiu deixar algumas guardadas na sala. Depois de alguns dias, o sr. J. pensou: "Já que estou imune à bebida, vou apreciar o brilho do vinho tinto na garrafa sobre a mesa".

Todos os dias ele olhava para a garrafa. Pensou então: "Como não me importo mais com a bebida, vou degustar o vinho e cuspi-lo em seguida". Fez isso. E pensou logo depois: "Dado que estou fortalecido em minha decisão, não haverá mal algum se tomar apenas um golinho". E não tardou a decidir: "Como venci o alcoolismo, vou tomar apenas um gole de vinho por vez, tantas vezes quantas minha vontade livre desejar". Então ficou bêbado e passou a se embebedar diariamente, tal como fazia antes, apesar de sua resolução.

O sr. J. não percebeu que sua resolução contra o álcool não teve tempo de se transformar num bom hábito. São necessários de cinco a oito anos para substituir um mau hábito por um bom. Antes que um bom hábito se forme em definitivo, o dependente precisa permanecer longe dos ambientes ou atitudes que desencadearam sua dependência. Acima de tudo, não pode deixar que maus pensamentos invadam sua mente. Pensamentos geram ações e são, por isso, mais perigosos.

Se sua tendência é viver no plano material, gerador de misérias, aprenda a se distanciar dos ambientes de tentação e a eliminar pensamentos que porventura o tentem. Cerque-se do ambiente certo e mantenha a mente repleta de pensamentos que o beneficiem.

※7※

Uma das causas do fracasso é você não comparar seus maus hábitos com a força de vontade imprescindível para combatê-los. Um talento extraordinário não é tão necessário quanto um propósito firme e um esforço constante. Não continue a suportar o peso das fraquezas mentais e morais herdadas do passado, mas queime-as na fogueira da resolução — e torne-se livre.

Quando você decidir fazer algo que sabe ser absolutamente certo, faça-o a qualquer custo. Isso conferirá à sua vontade, guiada pela sabedoria, mais poder sobre seus maus hábitos. Esqueça o fracasso material do ano passado, as fraquezas mentais e morais, a indiferença espiritual e as meditações praticadas sem grande empenho usando a vontade para ser próspero, autocontrolado e capaz de meditar profundamente até entrar de fato em contato com Deus.

Na meditação, a mente retira a força vital dos músculos e nervos, concentrando-a nas células do cérebro, onde os maus hábitos mentais estão entranhados. Essa energia vital concentrada no cérebro elimina as ondas dos hábitos mentais ali alojados.

O método correto de meditação é o único caminho para a liberdade total e o sucesso duradouro. Você tem de contatar Deus conscientemente. Se encontrá-Lo, conquistará o autodomínio e se livrará das condições limitadoras.

Capítulo 3

Escolha a Liberdade, não a Pobreza

❖1❖

Só na fogueira do esforço contínuo as sementes malignas do karma passado podem ser incineradas e destruídas. Muitas pessoas perdem a esperança justamente quando a balança do bom karma começa a pender devagar para seu lado a fim de dar frutos — e, desse modo, ficam sem recompensa.

❖2❖

A preguiça é extremamente prejudicial às conquistas espirituais. O ócio do corpo ou da mente precisa ser eliminado antes de você poder subir até o reino de Deus. Assim como, no campo de batalha, os soldados não podem ceder à apatia, do mesmo modo o homem espiritual tem de estar absolutamente livre do ócio mental ou físico.

Nunca pense que o trabalho é demasiado para você. Lembre-se de que Deus cria universos e nunca se cansa; se quisermos ser como Ele, precisamos ter Sua tremenda capacidade de agir.

O que quer que você faça, pense sempre que está fazendo a obra de Deus. Diga a si mesmo todos os dias: "O que posso fazer por Deus hoje?" Dê o melhor de si hoje e esqueça o amanhã. Não embarace sua alma com preocupações insignificantes. Deus se encarregará de tudo.

~3~

A dedicação ao trabalho é importante; servir ao próximo é muito importante; mas o mais importante de tudo é o compromisso com a meditação, Deus e a Verdade. Não diga que está ocupado demais impedindo o lobo de entrar e por isso não tem tempo para desenvolver qualidades divinas. Acabe com o hábito confortável e obstinado de idolatrar seus compromissos menores e ignorar seu pacto mais importante com a sabedoria. Ninguém vai responder pelo que você faz.

Compromissos com o sr. Excesso de Atividade e a sra. Preguiça levam à pobreza. É tempo de o homem moderno livrar-se do torpor e sistematizar sua vida. O homem moderno aprendeu a aplicar a ciência e o sistema aos negócios para obter conforto material. Deve aplicar também o sistema e a ciência para incrementar a saúde, a prosperidade, a vida social e a sabedoria.

Sistematize e programe seus compromissos. Deixe que a secretária de seu julgamento lúcido determine o itinerário cotidiano de sua vida.

~4~

Maus hábitos como cobiça, raiva, inveja, alcoolismo, indolência e fracasso são "nomeados para o cargo" por hordas ignaras de pequenas ações que para isso contam unicamente com a força numérica, sem nenhum receio da escravização posterior.

Os escravos do hábito não nascem assim: eles próprios se rendem à sujeição graças a ações constantemente repetidas. O primeiro gole não faz um bêbado. Uma série de repetições levianas de uma ação errada elege o hábito dominador como governante. A força quantitativa prevalece sobre a frágil voz qualitativa da razão, que não vota porque não exerce seus poderes.

Proteja-se da primeira investida de uma má ação. O que você faz uma vez provavelmente fará de novo. Como uma bola de neve rolando pela encosta, o hábito vai ficando maior e mais forte devido à repetição. Seja racional em todos os seus atos, pois de outra forma poderá se tornar escravo de hábitos indesejáveis.

"Pois a quem tem, muito lhe será dado; mas a quem não tem, até o pouco que tiver lhe será tirado." Essa frase bíblica é bastante verdadeira para os hábitos. O homem que pratica boas ações cresce em virtude, mas o escravo de maus hábitos perde toda a força de vontade, juntamente com a razão.

Tente, a partir de hoje, vencer os hábitos inimigos alojados em seu íntimo e seja livre para agir unicamente de acordo com a razão. Seus hábitos não são você. Seja você mesmo e recuperará, em seu interior, a imagem perdida de Deus.

❖5❖

Todo esforço após um fracasso deve ser bem planejado e alvo de uma atenção cada vez mais intensa.

❦6❦

A mente subconsciente é como um papagaio: repete tudo o que ouve. Em vez de sugerir-lhe fadiga, queixas e pensamentos conturbados, sugira alegria, opulência e paz. Essas coisas se manifestarão em sua vida.

Trabalhe com prazer e incansavelmente; sinta a energia eterna fluindo incessantemente em você. Jamais sugira cansaço ou desânimo. Jamais diga: "Estou exausto".

❦7❦

Depois que os hábitos do corpo começam a governar a mente, torna-se difícil fazer o corpo obedecer aos comandos da mente e da vontade. É por isso que as pessoas cronicamente obesas não se livram com facilidade da gordura, mesmo fazendo dieta. As células de seu corpo criaram seus próprios hábitos e não respondem instantaneamente aos comandos da mente, como fariam se tivessem sido treinadas para obedecer às forças superiores da mente, que têm o poder de governar adequadamente o corpo.

❦8❦

Você se julga arrasado, maltratado, sem forças? Não se julgue. Você tem todo o poder de que precisa, mas não o usa. Não há nada maior que o poder da mente. Faça com que ela ressurja dos hábitos insignificantes que o mantêm atrelado às coisas mundanas. Sorria aquele sorriso perpétuo

— o sorriso de Deus — que vale um bilhão de dólares e ninguém pode lhe tirar.

✢9✢

Lembre-se: cabe a você decidir se quer ser comandado pela cobiça, pela subserviência, pela raiva, pelo ódio, pela vingança, pelas preocupações e pela desarmonia, ou se deseja que os soldados divinos do autocontrole, da calma, do amor, do perdão, da paz e da harmonia governem seu reino mental. Expulse os hábitos sensoriais rebeldes que trouxeram miséria ao reino de sua paz. Seja rei de você mesmo e permita que os soldados do bem e dos bons hábitos se apossem do reino de sua mente. Então, a felicidade reinará para sempre em seu íntimo.

✢10✢

Nunca conte seus erros. Apenas reconheça que seu amor por Deus é profundamente sincero. Deus não liga para suas imperfeições: liga para sua indiferença.

✢11✢

Não se preocupe se você errou. Apenas recorra a Deus com amor confiante. Não esconda nada Dele. Deus conhece todas as suas faltas melhor que você mesmo! Abra-se totalmente para Ele.

Você talvez ache melhor, ao orar, ver Deus como sua Divina Mãe. De fato, o aspecto materno de Deus é pura piedade. Reze assim: "Divina Mãe, bom ou mau sou Teu filho. E Tu podes me libertar!"

Mesmo a mãe humana ama seus filhos maus tanto quanto os bons. E às vezes até mais, pois a necessidade deles é maior.

❖12❖

Entregue a Deus não apenas o bem que você faz, mas também o mal. Não quero dizer que você deva fazer deliberadamente coisas erradas. Mas, se não conseguir impedir-se de fazê-las devido a hábitos arraigados, sinta que Deus está agindo por seu intermédio. Torne *Deus* responsável. Ele gosta disso!

Foi Ele, afinal, quem sonhou sua existência. Você apenas se hipnotizou pensando em suas fraquezas. Se tornar o Senhor responsável por suas fraquezas, isso o ajudará a eliminar o falso domínio que elas têm sobre sua imaginação. Então, achará mais fácil reconhecer em você mesmo a imagem perfeita de Deus.

Enquanto você estiver se esforçando, Ele *jamais* o abandonará.

Capítulo 4

Livre-se dos Hábitos que o Limitam

❖ 1 ❖
O garoto que se tornou um santo

Em minha escola, na Índia, havia um garoto que tinha sido trazido por seus pais. Nós costumávamos aceitar apenas crianças com menos de 12 anos de idade, mas ele era bem mais velho. Eu lhe disse que poderia ficar com uma condição: se estivesse disposto a ser bom.

Tive uma conversa sincera com o garoto. Disse-lhe: "Você decidiu fumar e seus pais não querem que fume. Você os derrotou, mas não conseguiu derrotar seu próprio infortúnio. Está ferindo a si próprio".

Minha flecha atingiu o alvo e ele começou a chorar. Disse: "Meus pais viviam batendo em mim".

Prossegui: "Pense no que está fazendo a si mesmo. Vou aceitá-lo, mas com uma condição: que eu não seja um detetive, mas um amigo. Enquanto estiver disposto a corrigir seus erros, conte comigo; mas, se mentir, não farei nada por você. A mentira destrói a amizade. Portanto, nunca minta para mim".

Após aceitá-lo, prometi-lhe: "Quando você quiser fumar, eu mesmo lhe darei cigarros".

Um dia, ele veio a mim e disse: "Estou com uma vontade doida de fumar". Dei-lhe dinheiro e o garoto mal podia acreditar no que via. Balbuciou: "Fique com ele". Não queria o dinheiro. Insisti para que saísse e fosse comprar os cigarros, mas ele se recusou. E ao fim desse cabo de guerra, declarou: "Talvez o senhor não acredite, mas perdi a vontade de fumar".

O resultado do ensino e da disciplina foi que ele finalmente se tornou um santo. Despertei sua consciência espiritual. O ponto máximo desta consiste no esforço íntimo para subir rumo à felicidade perene. Poucas pessoas fazem esse esforço. Você, no entanto, deve se esforçar sem descanso para ser bom, mesmo que seus pecados sejam profundos como o oceano Atlântico. Ao longo de umas poucas encarnações, você se tornou um ser humano; porém, ao longo da eternidade, é um filho de Deus.

※2※

Por que pensar em você mesmo como um pecador? Oh, isso pode ser correto algumas vezes, em nome da humildade, desde que se concentre na grandeza de Deus e não em sua insignificância diante Dele. Mas para quê insistir na negatividade e na limitação?

Se você quer encontrar algo valioso sepultado sob um deslizamento de terra, não ficará pensando nesse objeto enquanto estiver removendo a lama? Porém, se prestar atenção apenas na lama, poderá esquecer o verdadeiro propósito de cavar e desistirá da tarefa.

❖3❖

Supersensibilidade e autopiedade

Não sejamos suscetíveis demais nem tenhamos autopiedade: isso aumenta nossa supersensibilidade. Você talvez esteja alimentando queixas contra alguma coisa sem ninguém saber do que se trata. O melhor a fazer é olhar para dentro de si mesmo e remover a causa dessa sensibilidade.

Muitas pessoas acham que devem ter piedade de si próprias e que a autopiedade lhes trará algum alívio, mas a autopiedade é um vício como o ópio. Toda vez que um viciado em ópio toma a droga, ele mergulha mais fundo no vício. Seja duro como o aço contra a autopiedade.

Se o fogo da sensibilidade penetrar em seu coração e você permitir que ele fique lá, esse fogo devorará as fibras de sua paz. Você mesmo é que deve ter forças para controlá-lo, sabendo que a supersensibilidade é um agente do Diabo empenhado em destruir sua paz. Toda vez que a sensibilidade visita seu coração, ela desconecta você da canção divina da paz, que poderia soar em seu íntimo caso você não fosse tão sensível. Quando a sensibilidade se manifestar, procure dominar suas emoções e não ponha a culpa nos outros. Assuma a responsabilidade por ela. Essa é a única maneira de repeli-la.

❖4❖

Aquele que nasceu com alguma deficiência deve resistir bravamente à tentação de se embriagar com a autopiedade.

Ter dó de si mesmo é diluir a capacidade interior de vencer. Afirme, ao contrário: "Não existem *obstáculos*, apenas *oportunidades*!"

Não ponha a culpa em ninguém, nem mesmo em si próprio. Queixas e acusações não apagam o que foi feito; apenas confirmam sua dependência de circunstâncias sobre as quais, verdadeiramente, você não exerce mais controle.

Busque Deus no silêncio interior. Reconcilie-se com aquilo que é e com aquilo que precisa ser feito para isso. Você pode remodelar todos os karmas, desde que, doravante, viva para a consciência da alma.

※5※

Tristeza

A tristeza não é combatida com a tristeza, mas com a alegria. Algumas tristezas nós podemos aceitar, mas não convém permitir que fiquem conosco por muito tempo, do contrário elas nos roubarão a posse mais rica de nossa alma: a bem-aventurança perene.

※6※

Complexos de inferioridade e de superioridade

Um complexo de inferioridade é tão ruim quanto um de superioridade. Você é, em essência, filho de Deus, de modo que não faz sentido se achar inferior ou superior. Tanto o complexo de inferioridade quanto o de superioridade retardam o progresso da alma.

Você deve sentir que Deus está em seu íntimo, orientando-o, e que Ele é seu maior amor, seu maior líder. Você é o servo de todos e, portanto, não pode achar que é superior a ninguém. Uma vez que Deus está em seu íntimo, você não pode se julgar inferior.

O complexo de inferioridade nasce do contato com pessoas de mente fraca e da fragilidade de uma mente subconsciente inata. O complexo de superioridade surge de um ego arrogante e da consciência de um orgulho falso. Ambos existem na imaginação e ignoram a realidade. Nenhum dos dois pertence à alma verdadeira e todo-poderosa.

Desenvolva a autoconfiança vencendo a fraqueza. Encontre sua autoconfiança em realizações concretas, cada vez mais ousadas, e ficará livre de todos os complexos de inferioridade e superioridade.

※7※

Medo

O medo é um veneno mental quando não usado como antídoto — um estímulo para induzir a pessoa a acalmar-se e ter cautela. O medo atrai objetos de medo, assim como um ímã atrai partículas de ferro.

O medo intensifica e multiplica por cem nossa dor física e agonias mentais. O medo é prejudicial ao coração, ao sistema nervoso, ao cérebro. Ele destrói a iniciativa mental, a coragem, o julgamento, o senso comum, a força de vontade. O medo sufoca a confiança e o poder da alma, que tudo vencem.

Quando alguma coisa ameaçar prejudicar você, não estrangule seus poderes mentais criativos com o medo: use-o como um incentivo para encontrar soluções práticas contra o perigo.

Diante de uma ameaça, não fique parado; faça algo a respeito, reunindo com calma todo o poder de sua vontade e julgamento.

O medo do fracasso ou da doença se alimenta de pensamentos insistentes em possibilidades adversas, até que estas se enraízem no subconsciente e por fim no superconsciente. As sementes do medo germinam e enchem a mente de plantas do medo, que dão frutos venenosos e amedrontadores.

Se você for incapaz de desalojar o medo terrível do fracasso ou da má saúde, distraia a mente voltando a atenção para livros interessantes, envolventes, ou mesmo para divertimentos inofensivos. Depois que a mente esquecer seus medos apavorantes, encoraje-a a descobrir e eliminar as causas do fracasso e da má saúde no solo de sua vida cotidiana.

Não tenha medo de doenças ou acidentes só porque foi vítima deles antes. Ao contrário, tenha medo de ter medo, pois ele criará uma consciência de doença e acidente — e, se o medo for forte o bastante, você atrairá exatamente aquilo que mais teme. Por outro lado, a vontade corajosa com toda probabilidade irá evitar doenças e acidentes ou, pelo menos, minimizar a força deles.

Mate o medo recusando-se a ficar amedrontado. Você não tem nada a temer por trás das muralhas da eterna segurança de Deus, mesmo que lutando contra as ondas do mar do sofrimento ou com a morte batendo à sua porta. Os raios protetores de Deus podem dispersar a ameaça das nuvens do Apocalipse, acalmar as ondas das vicissitudes e mantê-lo seguro, quer esteja num castelo ou no campo de batalha da vida, com as balas das provações sibilando à sua volta.

Quando o medo surgir, contraia-se e relaxe, expirando várias vezes. Acenda a lâmpada da calma e da descontração. Deixe que seu mecanismo mental desperte e estremeça com a vibração da vontade. Em seguida, aplique a força de vontade à engrenagem da cautela sem medo e do julgamento justo. Continuamente, faça-a girar a fim de produzir ideias práticas para fugir de tragédias específicas e iminentes.

A indulgência mental para com o medo cria o hábito subconsciente do medo. Então, quando ocorre algo que perturba a rotina, o hábito subconsciente do medo se impõe, amplia o objeto do medo e paralisa a faculdade de reação da mente consciente.

Uma vez que você foi feito à imagem e semelhança de Deus, possui todos os poderes e potencialidades Dele. É errado pensar que suas provações são maiores que sua divindade. Lembre-se: não importa quais sejam essas provações, você é mais forte que elas. Deus não permitirá que você enfrente algo acima de suas forças.

O medo não deve produzir inércia mental, paralisia ou abatimento. Ele deve, isso sim, estimulá-lo a atividades calmas, cautelosas, e a evitar tanto a imprudência quanto a timidez.

Arranque o medo de dentro de você concentrando-se intensamente na coragem — e transferindo sua consciência para a paz interior absoluta. Conviva com pessoas saudáveis e prósperas, que não temam nem a doença nem o fracasso.

❖8❖

Preocupação

Não importa o quanto ocupado você esteja, procure reservar um tempo para limpar a mente por completo de preocupações e obrigações. Mande-as embora da mente. Lembre-se: você não foi feito para elas; elas foram feitas por você. Não permita que o torturem.

Quando você estiver acuado por pressões mentais ou preocupações, tente dormir. Se conseguir, descobrirá ao acordar que as preocupações já não o subjugam tanto. Diga a si mesmo que, mesmo se morrer, a terra continuará seguindo sua órbita e tudo continuará como sempre; então, para que se preocupar? Quando você se leva demasiadamente a sério, a morte aparece para ironizá-lo e lembrar-lhe que a vida e as ocupações materiais são breves.

O relaxamento mental consiste na capacidade de desviar à vontade a atenção das preocupações avassaladoras com dificuldades passadas e presentes ou dos pensamentos e apegos perturbadores. O domínio do relaxamento mental vem com a prática persistente. Pode ser obtido libertando-se a mente de todos os pensamentos, por decisão da vontade, e mantendo-se a atenção fixa na paz e no contentamento íntimos. Graças à prática persistente da meditação, você pode desviar a atenção das preocupações e concentrá-la na paz.

Toda vez que estiver cansado ou inquieto, inspire e contraia-se; em seguida, expire e relaxe o corpo inteiro; permaneça sem pensar nem respirar por alguns momentos e conseguirá ficar calmo.

Livre-se das preocupações. Penetre no silêncio absoluto todas as manhãs e todas as noites. Tente ficar por um minuto de cada vez sem pensar, sobretudo se estiver preocupado. Depois, procure permanecer vários minutos com a mente calma. Visualize algum acontecimento feliz em sua vida; mentalmente, retome a experiência agradável várias vezes, até esquecer por completo as preocupações.

9

Jejum de preocupações

Se você estiver sofrendo de má saúde mental, faça uma dieta da mente. Um jejum mental saudável clareará sua mente e a livrará dos venenos ali acumulados devido a uma dieta mental descuidada e falha. Em primeiro lugar, aprenda a eliminar a causa de suas preocupações não permitindo que elas o incomodem. Não alimente sua mente com venenos mentais de preocupações novas, fabricadas todos os dias.

As preocupações são, quase sempre, resultado da tentativa de fazer muitas coisas às pressas. Não "engula" suas obrigações mentais, mas mastigue-as lentamente, uma por vez, com os dentes da atenção, e sature-as com a saliva do bom julgamento. Assim, você não terá uma indigestão de preocupações.

Sempre que você decidir não se preocupar e fazer um jejum de preocupações, agarre-se à sua resolução. Poderá deixar de se preocupar completamente. Diga a si mesmo: "Só posso fazer meu melhor; nada mais. Sinto-me satisfeito e feliz por estar fazendo meu melhor para solucionar meus problemas; não há absolutamente razão para eu me preocupar".

Quando você fizer um jejum de preocupações, beba copiosamente a água fresca da paz que flui da fonte de cada circunstância, vitalizada por sua determinação de estar alegre. Se decidiu estar alegre, nada poderá torná-lo infeliz. Se você resolver não destruir sua paz mental, o que acontecerá se aceitar a sugestão de circunstâncias infelizes, ninguém conseguirá deixá-lo abatido. Pense apenas em desempenhar sem descanso as ações corretas e não em seus resultados. Deixe os resultados para Deus, dizendo: "Fiz meu melhor nas circunstâncias que me foram dadas. Portanto, estou feliz".

Três vezes por dia, mande embora todas as preocupações. Às 7 horas da manhã, diga a si mesmo: "Todas as minhas preocupações da noite se foram e, das 7 às 8 horas, recuso-me a ficar preocupado, não importa quão aborrecidas sejam as obrigações que tenho pela frente. Estou em jejum de preocupações".

Do meio-dia às 13 horas, diga: "Sinto-me alegre, não vou me preocupar com nada".

À noite, entre as 18 e as 21 horas, na companhia de sua mulher ou marido (ou de parentes e amigos "difíceis de aguentar"), tome mentalmente uma forte resolução: "Nas próximas três horas, não vou me preocupar; recuso-me a ficar irritado, ainda que me importunem. Pouco importa que seja tentador submeter-me às preocupações; resistirei à tentação. Não posso destruir minha paz com choques de aborrecimentos. Não posso ficar preocupado".

Depois de conseguir levar adiante jejuns de preocupações por algumas horas diárias, tente fazê-los por uma ou duas semanas de cada vez; depois, procure evitar o acúmulo de venenos de preocupação em todo o seu sistema. Sempre que você ceder a um festim de preocupações, faça um jejum de preocupações parcial ou completo por um dia ou uma semana.

O jejum de preocupações é o método negativo para superar o veneno das preocupações; mas há os métodos positivos. A pessoa infectada com os germes da preocupação deve procurar regularmente a companhia de mentes alegres. Todos os dias deve se juntar, ainda que por pouco tempo, a mentes "infectadas de alegria".

Há pessoas em quem não se pode estancar a canção do riso. Procure-as e deguste com elas esse reconfortante alimento da alegria. Continue na dieta do riso por um ou dois meses, rindo na companhia de pessoas realmente joviais. Digira os risos por completo, mastigando-os prazerosamente com os dentes de sua atenção. Firme, continue sua dieta do riso uma vez começada e, no final de um mês ou dois, notará a mudança — sua mente estará repleta de raios solares. Lembre-se: certos comportamentos habituais podem ser mudados por ações específicas, formadoras de hábitos.

❖10❖

Nervosismo

Medo, preocupação e raiva são as causas mentais do nervosismo. Quando você está enraivecido, envenena o sangue e abrasa os nervos. A raiva altera a química do sangue e afeta a circulação. Quando ela surge, você se torna instrumento da ignorância e faz coisas erradas. Quando você se preocupa, paralisa os nervos.

A cura consiste em permanecer calmo o tempo todo e fazer o melhor que puder. Se algo saiu errado, corrija o erro. Observe os fatos de maneira inteligente, serena, e obterá a compreensão correta.

Cultive a paz, a calma, a alegria. Quanto mais calmo e alegre você for, melhor se sentirá. Quanto mais se preocupar, quanto mais se deixar invadir pela raiva ou pelo medo, menos equilíbrio terá. E quanto mais paz usufruir, menos nervoso será.

Saiba que existe uma lei divina para protegê-lo. Seu nervosismo desaparecerá quando você reconhecer que é um só com Deus. Você não é carne, mas Espírito por trás da carne.

Todas as noites, antes de ir para a cama, diga: "Sou um Príncipe da Paz, sentado no trono do Equilíbrio".

❖11❖

Materialismo

As coisas materiais trazem alegria? Não. Elas trazem um pouco de prazer durante algum tempo, mas depois vem a tristeza. Prometem alegria, mas não cumprem a promessa. Aqueles que se divertem demais na vida com os prazeres terrenos, materiais, logo perdem sua felicidade; aqueles que se entregam sem medida ao sexo perdem a vitalidade; aqueles que comem demais perdem a saúde e o prazer de comer. Em todos os lugares, pessoas estão colhendo a safra dos grãos selvagens que semearam no passado.

A preocupação excessiva com o conforto físico e as necessidades "desnecessárias" faz as pessoas se esquecerem de que é preciso aprimorar a eficiência mental em tudo e adquirir o contentamento divino. Devido às exigências absorventes do Conforto Físico Tirano, elas não têm tempo para desenvolver a eficiência mental nem para cultivar a paz.

Todo homem deve se lembrar de que a verdadeira necessidade da vida é a eficiência mental e espiritual. Objetivo: paz total, eficiência mental absoluta e segurança material suficiente.

✦12✦

Se você cobrir uma imagem de ouro com um manto negro, dirá que ela se tornou negra? Não, claro que não! Saberá que, por baixo do véu, a imagem continua dourada.

Assim será quando arrancar o véu negro da ignorância que agora esconde sua alma. Verá então, de novo, a beleza imutável de sua própria natureza divina.

Capítulo 5

Cultive Bons Hábitos

❖1❖

Se um mau hábito o incomodar, faça duas coisas. Tente evitá-lo e a tudo que porventura o estimule, sem se concentrar nele no afã de suprimi-lo. Em seguida, pense num bom hábito e mantenha a mente superconcentrada nesse hábito, até que ele se torne parte de você.

❖2❖

Um bom hábito é seu melhor amigo — um mau hábito é seu inimigo mortal. Tome cuidado ao repetir uma ação: ela se tornará um hábito antes que você se dê conta disso. O hábito é uma segunda natureza, mas pode ser banido graças a uma boa ação persistente.

❖3❖

Onde quer que você esteja, permaneça sempre alerta em pensamento, percepção e intuição — sempre pronto, como um bom fotógrafo, para tirar fotos de condutas exemplares e ignorar maus comportamentos. Sua maior felicidade consiste em estar sempre disposto a aprender e a agir de maneira correta. Quanto mais você se aperfeiçoar, mais aperfeiçoará as pessoas que o cercam. O homem que procura melhorar é um homem destinado a ser cada vez mais feliz.

❋4❋

Cuidado com as companhias que você escolhe. Prefira pessoas calmas, fortes e sábias, com uma natureza mais profunda que a sua. Quando um criminoso é posto na companhia de um pior, isso em nada o ajuda. Chegado o dia de sair da prisão, o carcereiro assim se despede dele: "Até breve". Quando pessoas nervosas convivem com outras do mesmo tipo, não melhoram. Escolha sempre o convívio com gente calma.

❋5❋

Não deixe que objetos pouco saudáveis flutuem na corrente de seus pensamentos formadores de hábitos. Zele pela qualidade dos livros que lê. Procure perceber a influência que a família e os amigos íntimos, sempre por perto, exercem sobre você. Muitas pessoas fracassam porque suas famílias infectaram sua mente subconsciente com ideias derrotistas, bloqueadoras do progresso.

❋6❋

Algumas pessoas precisam de muito tempo para formar hábitos mentais de saúde, prosperidade e sabedoria. Mas esse tempo pode ser encurtado. A formação de hábitos lenta ou rápida depende do estado geral de saúde, da condição das células cerebrais e nervosas, e do tipo de método de formação de hábitos que se utiliza. Muitas pessoas são tímidas em seus pensamentos e ações — por isso, não obtêm sucesso.

Um hábito mental, para se concretizar, tem de ser forte e persistente.

Por exemplo, o hábito da prosperidade ou da saúde precisa ser cultivado por ideias de prosperidade e saúde até que surjam os resultados. Uma atitude mental tenaz e corajosa é absolutamente necessária para que desejos e necessidades sejam satisfeitos.

Enquanto uma pessoa desatenta e dispersa precisa de muito tempo para formar até um hábito simples, o indivíduo inteligente e dedicado pode com facilidade formar um bom hábito mental em um instante, bastando que o queira. Assim, se você tiver um hábito mental, físico e espiritual que impeça seu progresso, livre-se dele agora. Não adie essa decisão.

❖7❖

Pratique qualquer ação, insignificante ou importante, com atenção rápida e total. Lembre-se: a atenção é uma agulha que traça sulcos no registro das células de sua memória. Um homem desatencioso não tem o instrumento que desperta a memória. A distração embota a agulha da atenção.

A atenção alerta, profunda e sensível é a agulha que traça sulcos no registro das células de sua memória.

❖8❖

Procure cumprir bem as pequenas obrigações. Você sabia que utiliza apenas 5% ou 6% de sua atenção naquilo que faz? Tente então utilizar 100% no trabalho que está executando.

Todo trabalho bom é trabalho de Deus, desde que você o faça com consciência divina. Porém, o trabalho feito por motivo puramente egoísta é um trabalho materialista e nada mais. Ao ganhar dinheiro, e mesmo não tendo família, pense sempre que está fazendo isso em benefício de seus semelhantes. Apague a falsa divisão entre tarefa material e espiritual.

❖9❖

A memória deve ser treinada e usada para evocar unicamente experiências nobres e edificantes. Apenas o bem colhido da experiência deveria ter permissão para ingressar no reservatório da memória. Qualquer ideia perniciosa que penetrar nesse reservatório emergirá como palavras ou ações mais cedo ou mais tarde. Se só o bem estiver presente, então só o bem emergirá. Guarde com atenção as portas de sua mente.

❖10❖

O que controla sua vida não são os pensamentos passageiros nem as ideias brilhantes, mas os hábitos cotidianos. Os hábitos de pensamento são ímãs mentais: eles atraem objetos específicos, dependentes da qualidade de sua atração.

11

Quando a felicidade natural da alma se contamina com os prazeres fugazes dos sentidos, o brilho dourado da alma se obscurece.

Muitas pessoas imaginam que não podem viver sem prazeres maléficos, causadores de desgraças, como por exemplo a ingestão de álcool, que mata o corpo. Mas, se conseguissem formar hábitos bons, elas diriam: "Não podemos viver sem a paz e o prazer da meditação. Somos infelizes quando cedemos aos prazeres menores".

Assim como investimos pequenas somas de dinheiro para assegurar ganhos maiores no futuro, o devoto deve combater a tendência aos prazeres materiais para ganhar a alegria pura da meditação. Milhares de pessoas não conseguem entender por que os sentidos, geradores de prazeres, obscurecem a alegria do Espírito.

O autocontrole é uma espécie de investimento espiritual destinado a proporcionar ao homem a maior felicidade possível. O homem foi feito à imagem e semelhança de Deus; como tal, possui dentro de si a alegria latente e duradoura do Espírito, do mesmo modo que a árvore está oculta na semente. Sementes queimadas não germinam; assim também a semente da alegria da alma, uma vez tostada pelas chamas dos desejos materiais, não consegue produzir a árvore perene da felicidade.

Cultive o hábito de entrar em sintonia com a alegria superior da alma imediatamente após despertar. Então, tomado pela alegria da alma, poderá usufruir prazeres inocentes como comer, encontrar amigos etc., sem apego. Desse modo, a alma espiritualiza todos os gozos mundanos.

✦12✦

Quase toda alma é prisioneira dos sentidos, que ficam entrincheirados na superfície do corpo. A atenção da alma é afastada de seu reino interior na medula, no olho espiritual e nos chakras para as regiões externas do corpo, onde a cobiça, a tentação e o apego possuem sua fortaleza. O devoto que quer isolar a Rainha Alma das favelas empobrecedoras da sensualidade descobre que não pode fazer isso sem um atrito violento entre os esbirros dos sentidos e os soldados divinos da alma.

Quando o devoto ultrapassa a fase inicial da meditação e chega ao meio da fase de Autorrealização, ele percebe que seus hábitos bons e maus se defrontaram no campo de batalha da consciência.

A meditação é o tambor interior que desperta os hábitos bons e maus de seu sono de indiferença e obriga-os a cobrar forças para obter a vitória contra a consciência do devoto. Quando a pessoa está totalmente sob a influência dos maus hábitos, os bons não oferecem nenhuma resistência. Só quando o devoto tenta cultivar os bons hábitos da concentração, serenidade e paz é que os maus hábitos da inconstância, agitação e inquietude criam resistência psicológica.

O principiante espiritual, entusiasmado ao começar a prática da meditação, não percebe a resistência dos maus hábitos. Estes não atentam para a invasão silenciosa dos bons hábitos no principiante espiritual. Só quando o principiante espiritual nota o que está acontecendo e luta tenazmente para estabelecer os bons hábitos no reino da consciência é que os maus hábitos começam a ter medo e fazem furiosas tentativas para expulsar os bons intrusos.

Quando o devoto começa a usar a percepção da alma e os bons hábitos para combater os maus, nota que seu coração está cheio de compaixão por estes últimos, pois parecem pertencer a ele e ser-lhe caros. Em outras palavras, o devoto, embora sabendo o que precisa fazer, descobre ser difícil desalojar os velhos hábitos queridos da impaciência, da ação contínua, da dieta errada e dos prazeres sensoriais pelos impiedosos e valentes soldados da calma, do êxtase e do autocontrole.

→13←

O grande método para liquidar os maus hábitos é a concretização do despertar de Deus, os bons hábitos da meditação. Quando o hábito da ilusão precede o hábito da sabedoria e se instala na alma, a única saída consiste em usar a força de vontade para meditar profundamente, todos os dias, até que o contato com Deus, fascinante e abençoado, se estabeleça em definitivo e possa ser reproduzido voluntariamente na consciência.

❋14❋

É tão fácil ser pacífico e alegre quanto ser preocupado e inquieto. Jamais se esqueça de sorrir — não um sorriso dissimulado, falso, mas um sorriso honesto, radiante, originário de um coração iluminado e jubiloso.

Desenvolva o hábito de sorrir, não importa o que aconteça, e assuma o controle total de seus pensamentos. Eles melhoram ou pioram sua vida.

As pessoas dão muita atenção ao seu ser físico e pensam excessivamente sobre o que devem comer e quanto devem dormir. Tudo é uma questão de vontade. Eu nunca me senti cansado na vida e só durmo cerca de cinco horas por mês. Nunca como de manhã e, no almoço, prefiro uma refeição leve — de preferência frutas, castanhas fatiadas e às vezes um ovo. No jantar, me contento com uma salada. Minha vida inteira foi dedicada ao estudo do Yogoda.* O que fiz, outros também podem fazer.

❋15❋

Os bons hábitos são seus melhores auxiliares; preserve a força deles estimulando-os por meio de boas ações. Os maus hábitos são seus piores inimigos; contra a sua vontade, eles o

---

* Yogoda é o nome que Yogananda criou nos primeiros anos de atuação para descrever seus ensinamentos. Traduza-o poeticamente como "desenvolvimento harmonioso de todas as faculdades humanas". Literalmente, significa "aquilo que transmite o yoga ou união divina". (N. E.)

obrigam a fazer coisas que o prejudicam. Deixe-os morrer à míngua negando-lhes alimentos ou más ações.

A verdadeira liberdade consiste em agir de acordo com um julgamento correto e não sob a pressão dos hábitos. Coma o que deve comer e não necessariamente o que costuma comer. Faça o que deve fazer, não o que seus hábitos exigem.

Bons e maus hábitos precisam de algum tempo para adquirir força. Maus hábitos muito fortes podem ser desalojados por bons hábitos, se estes forem pacientemente cultivados. Primeiro, substitua os maus hábitos por bons hábitos em tudo; depois, cultive a consciência de estar livre de *todos* os hábitos.

A parábola do trigo e do joio

Propôs-lhes outra parábola, dizendo: "O reino dos céus é semelhante ao homem que semeou boa semente no seu campo.

Mas, enquanto os homens dormiam, veio o inimigo dele e semeou o joio no meio do trigo, e retirou-se.

E, quando a erva cresceu e produziu fruto, apareceu também o joio.

Então, vindo os servos do dono da casa, lhe disseram: "Senhor, não semeaste boa semente no teu campo? Donde vem, pois, o joio?"

Ele, porém, lhes respondeu: "Um inimigo fez isso". Mas os servos lhe perguntaram: "Queres que vamos e arranquemos o joio?"

"Não! Replicou ele, para que, ao separar o joio, não arranqueis também com ele o trigo.

Deixai-os crescer juntos até a colheita, e, no tempo da colheita, direi aos ceifeiros: 'Ajuntai primeiro o joio, atai-o em feixes para ser queimados; mas o trigo, recolhei-o no meu celeiro'." (Mateus, 13:24-30)

Interpretação

O reino da realização divina pode ser comparado ao homem que, graças a uma meditação profunda e diária, semeou boas sementes de experiências espirituais no campo de sua consciência. Porém, enquanto ele dormia (estava alheio às percepções espirituais), seu inimigo de tendências subconscientes espalhou sementes de hábitos materiais entre o trigo da Autorrealização espiritual. Quando as hastes do desenvolvimento espiritual cresceram e deram frutos de bênção espiritual e sabedoria, ele descobriu que havia sido também acossado por sementes de dúvidas íntimas, medos e sensação de impotência para resolver os mistérios de Deus.

Os servos (autocontrole e disciplina espiritual) perguntaram ao mestre: "Devoto, de onde veio esse joio dos obstáculos espirituais em ti?" O devoto respondeu: "Más tendências subconscientes espalharam secretamente sementes de hábitos materiais juntamente com as de meus hábitos espirituais".

Os servos perguntaram: "Queres que teus servos do autocontrole desçam à mente subconsciente para remover o joio ali enraizado?"

O devoto respondeu: "Não percais vosso tempo com os hábitos negativos, não espirituais, pois assim fazendo podereis perder alguns hábitos espirituais em cujo crescimento não conseguistes vos concentrar. Ide e cultivai os bons hábitos espirituais e esquecei os não espirituais, até que chegue a hora da ceifa do divino êxtase e do contato jubiloso com Deus. Na hora do êxtase divino, os habilidosos ceifadores da percepção espiritual e dos hábitos espirituais conseguem reunir, na mente subconsciente, o joio de todas as encarnações passadas e queimá-lo com a força da sabedoria, aniquiladora instantânea, e a luz acumulada no cérebro graças à mente interiorizada".

Na meditação e no sono, a mente e a energia fluem para a espinha e o cérebro, obliterando hábitos de preocupação e inquietude. No sono, a energia expulsa as preocupações apenas temporariamente. Na meditação profunda, o superconsciente utiliza a energia descontraída da mente, concentrada no cérebro, para mergulhar fundo nos sulcos cerebrais onde os hábitos se ocultam e cauterizam os maus hábitos.

Capítulo 6

Use o Poder de sua Mente

❖1❖
Um grande fracasso que se tornou um grande sucesso

Existem pessoas naturalmente bem-sucedidas, do mesmo modo que existem fracassos habituais. John, meu amigo e aluno, era um desses fracassados de nascença. Jovem, inteligente e esforçado, parecia nunca se sair bem, qualquer que fosse o emprego ou o negócio que arranjasse. Pressionado, abandonado e sem um tostão, procurou meu conselho.

Disse: "Senhor, sou um completo fracasso. Por alguma razão misteriosa, não apenas perdi meu emprego como, após me empregar, meu patrão foi à falência. Não quero procurar outro trabalho com medo de atrapalhar o negócio de meu novo empregador devido à influência deletéria de minha vibração de fracasso. Sou visto como um derrotado por todos os meus amigos e agora acredito piamente que nunca conseguirei vencer".

Graças à minha recomendação, John conseguiu um emprego numa empresa pequena. Aconselhei-o a fazer a seguinte afirmação diariamente, antes de dormir e depois de se levantar: "Dia após dia, de todos os modos, estou vencendo cada vez mais em meu emprego".

Passou-se um mês e John me avisou: "Honorável Senhor, a empresa na qual me colocou está indo de mal a pior. Por favor, tire-me de lá antes que ela naufrague de vez. Talvez minha demissão a salve da ruína".

Ri e pedi-lhe que continuasse com sua afirmação de sucesso e permanecesse no emprego. Dias depois ele me procurou, à noite, com um ar de alívio e exclamando: "Aconteceu!" Perguntei-lhe: "Aconteceu o quê?" "Ora, o negócio de meu patrão faliu, como eu lhe disse que aconteceria."

Encarei-o e disparei: "Todas as noites e todas as manhãs, enquanto você papagueava mentalmente a afirmação 'Dia após dia estou ficando cada vez melhor', no fundo de sua mente um pequeno polvo da obstinação repetia 'Seu bobo, sabe muito bem que dia após dia, de todos os modos, você vai ficando cada vez pior'". Ele admitiu a verdade dessas palavras.

Sorrindo, pedi a John que eliminasse todas as vibrações negativas durante uma afirmação positiva, pois uma mente convicta e consciente influencia o subconsciente, que por sua vez afeta a mente consciente graças à força do hábito.

Expliquei a John que seus êxitos estavam condicionados por sua capacidade criativa, seu ambiente, seus hábitos anteriores e posteriores ao nascimento, e que só quando ele estabelecesse contato com a todo-poderosa mente superconsciente conseguiria produzir a causa do sucesso absoluto.

Obtive para John um trabalho em outra empresa, bem maior. Após seis meses (o máximo de tempo que conseguira ficar num emprego), ele me disse: "Senhor, tire-me de lá o mais rápido possível. A empresa está indo muito mal".

Não dei muita atenção aos receios de John e sugeri-lhe que continuasse no trabalho. Depois de algumas semanas, ele murmurou, sorrindo: "Senhor, o segundo emprego que me arrumou foi para o espaço também". Fingi lamentar sua situação e disse, calmamente: "Não se preocupe, John. Vou lhe arranjar outro trabalho".

"Bem, Senhor", disse ele, "se puder arcar com o pecado de levar a empresa de outra pessoa à falência devido ao contato comigo, então me arranje esse novo trabalho."

Graças a um esforço contínuo e influência, por fim consegui garantir para John um emprego em uma companhia grande. Passou-se um ano e nada aconteceu, embora a cada semana John quisesse pedir demissão, temendo levar à bancarrota essa terceira empresa.

Por fim, sugeri-lhe que investisse seu dinheiro num negócio próprio. Ele, muito assustado, replicou: "Se eu investir minhas economias, vou perdê-las com certeza". Tranquilizei-o em tom firme: "É claro que você deve investir seu dinheiro e energia em algum bom projeto, como fornecimento de artigos de papelaria, que não exige muito capital nem grandes despesas".

No curso de alguns anos, John se tornou proprietário de uma bem-sucedida rede de lojas e acumulou um sólido capital.

Convicto de seu êxito nos negócios, John passou a vencer em tudo o que empreendia. Um dia me disse, rindo: "Graças a Deus e à sua ajuda, passei de um grande fracasso a um grande sucesso. Por favor, me explique como isso aconteceu.

Posso entender minha incompetência, por falta de entendimento, mas não posso entender como enterrei os negócios de outras pessoas devido à força de minhas vibrações de fracasso".

Repliquei: "Você não enterrou as empresas onde estava. A lei da atração, que governa pessoas com vibrações parecidas, foi a responsável. Você atraiu negócios já à beira da ruína, e vice-versa, como duas bombas acionadas rolando juntas pela encosta. Você era um fracasso e a empresa estava na iminência de fracassar. Pela lei da afinidade íntima, vocês desceram lado a lado a colina do fracasso e explodiram ao mesmo tempo".

Os ocidentais precisam entender que a mente é maior que suas invenções. Mais tempo deve ser dedicado à arte do controle mental para se obter, por meio da ciência, sucesso completo. E menos tempo deve ser gasto na busca de produtos da mente ao custo da negligência do cultivo da própria mente, que tudo faz e tudo pode. Siga o caminho apontado pela Índia, que leva à aquisição da superconsciência e ao controle absoluto da mente, pois desse modo você aprenderá a criar à vontade aquilo de que necessita.

※2※

A mente é a fonte de todas as suas tribulações e de toda a sua felicidade. Você é mais forte do que tudo aquilo que enfrenta. Se não entender isso agora, terá de entender mais tarde. Deus lhe deu o poder de controlar a mente e o corpo para ficar livre da dor e do sofrimento. Jamais diga: "Estou farto". Não envenene sua mente pensando que, se não puder ingerir certos alimentos, sofrerá — e assim por diante.

Nunca permita que sua mente remoa pensamentos de doença ou limitação; desse modo, verá que seu corpo mudará para melhor. A mente é o poder que cria seu corpo; se ela for fraca, seu corpo se enfraquecerá. Não se inquiete nem se aborreça com nada.

Se você fortalecer sua mente, não sentirá dores no corpo. Pouco importa o que aconteça, você deve sempre ser mentalmente livre.

✦3✦

Se você utilizar construtivamente o poder que já tem, mais poder terá. Sintonize-se com o Poder Cósmico e logo possuirá a força criativa do Espírito. Você ficará em contato com a Inteligência Infinita, capaz de guiá-lo e resolver seus problemas. O poder da Fonte dinâmica de seu ser fluirá através de você, para que se mostre criativo no mundo dos negócios, no mundo das ideias ou no mundo da sabedoria.

✦4✦

Deus lhe deu poder, concentração, fé, razão e bom senso para você se ajudar. Use tudo isso para procurar o auxílio divino, mas não confie demasiadamente em seu ego, pois assim se desconectará da força divina.

Durante a afirmação ou a prece, saiba sempre que está usando *seu próprio poder, mas dado por Deus* para se curar e aos outros. Acredite, sem hesitar, que como filho amado de Deus você está usando a vontade e a razão que Ele lhe deu. O equilíbrio deve ser buscado entre a velha ideia de depender em tudo de Deus e a atitude moderna de depender unicamente do ego.

❦5❦

Cada palavra que você pronuncia deve representar não apenas a Verdade, mas também parte de sua força anímica concretizada. Palavras saturadas de sinceridade, convicção, fé e intuição são como bombas de vibração altamente explosivas, que podem pulverizar as rochas das dificuldades e criar a mudança desejada. Evite proferir palavras desagradáveis, ainda que sejam verdadeiras.

Palavras sinceras ou afirmações,* repetidas com consciência, sentimento e vontade, seguramente acionam a Força Vibratória Cósmica onipresente e ajudam você nas necessidades. Apele para essa Força com confiança absoluta, deixando de lado todas as dúvidas. Não se concentre no resultado pretendido — você não deve lançar a semente da prece vibratória no solo da consciência cósmica e arrancá-la a cada minuto para ver se germinou.

---

* Para mais informação sobre afirmações e como usá-las, ver *How to Have Courage, Calmness, and Confidence* (*Como Ter coragem, Serenidade e Confiança*, publicado pela Editora Pensamento, São Paulo, 2012), de Paramhansa Yogananda, e *Affirmations for Self-Healing*, de Swami Kriyananda, Crystal Clarity Publishers, Nevada City, Califórnia. (N.E.)

❖6❖

Em todas as afirmações, a intensidade da atenção vem primeiro, mas a continuidade e a repetição também contam muito. Suas afirmações devem ser impregnadas de devoção, vontade e fé; repita-as com fervor, sem se ocupar dos resultados, que virão naturalmente, como fruto de seu esforço.

Quando você tentar se curar, sua atenção não deve incidir na doença, que sempre obscurece a fé, mas na mente. Durante as curas mentais do medo, da raiva ou do mau hábito, concentre-se nas qualidades positivas opostas. Por exemplo, cure o medo cultivando a consciência da coragem; a raiva, a consciência da paz; a fraqueza, a consciência da força; a doença, a consciência da saúde.

Na tentativa de se livrar de um problema físico ou mental, a pessoa muitas vezes se concentra mais no poder tenaz da doença do que na possibilidade da cura, permitindo assim que a doença se torne um hábito tanto mental quanto físico.

Doenças mentais ou físicas crônicas sempre se enraízam fundo na mente subconsciente. Por isso, toda afirmação praticada pela mente consciente deve ser vigorosa o bastante para transformar a mente subconsciente, que por sua vez influenciará de modo automático a mente consciente.

Vontade consciente ou afirmações devocionais ainda mais fortes atingem não apenas a mente subconsciente, mas também a superconsciente, o depósito mágico de todas as forças mentais miraculosas.

Afirmações individuais devem ser praticadas de boa vontade, com sentimento, inteligência e devoção, às vezes em voz alta, mas com mais frequência mentalmente (sem ser sequer murmuradas), acompanhadas de atenção e continuidade cada vez mais intensas. A atenção, desde o início da afirmação, precisa ir se intensificando sem ser nunca interrompida. A atenção dispersa, como uma criança irrequieta, tem de ser reconduzida o tempo todo e treinada para desempenhar sua tarefa.

Uma repetição atenta e inteligente, mais a paciência, criam hábitos e devem ser empregadas durante todas as afirmações. Estas, profundas e contínuas, precisam ser praticadas mentalmente até se tornarem parte das convicções intuitivas da pessoa. É melhor morrer (se a morte tiver de vir) com a convicção de estar curado do que com a consciência de um problema mental ou físico incurável.

Qualquer afirmação, para chegar ao superconsciente, tem de estar livre da incerteza, da dúvida, da desatenção. Atenção e devoção são faróis que podem conduzir até afirmações cegamente proferidas às mentes subconsciente e superconsciente.

Aplique essas instruções enquanto repete a afirmação:

AFIRMAÇÃO DE YOGANANDA
PARA O SUCESSO PSICOLÓGICO

Sou corajoso, sou forte.
O aroma do pensamento do sucesso
Perpassa por mim, perpassa por mim.
Sou controlado, sou calmo,
Sou doce, sou educado,
Sou amor, sou simpatia,
Sou encantador e atraente,
Gosto de tudo.
Enxugo todas as lágrimas e medos,
Não tenho nenhum inimigo,
Sou amigo de todos.
Não tenho hábitos
Ao comer, vestir-me, comportar-me;
Sou livre, sou livre.
Ordeno, ó Atenção,
Que venhas e pratiques a concentração
Naquilo que faço, nos trabalhos que executo.
Posso fazer tudo
Quando penso assim, quando penso assim.
Na igreja ou no templo, rezando,
Pensamentos dispersos me acossam
E impedem que minha mente Te alcance,
E impedem que minha mente Te alcance.

> Ensina-me a possuir de novo, de novo,
> Minha mente e meu cérebro entregues à matéria,
> Para que eu os dê a Ti
> Em prece e êxtase,
> Em meditação e sonho.
> Devo cultuar-Te
> Na meditação e na reclusão.
> Devo sentir Tua energia
> Fluindo por minhas mãos operosas.
> Se eu Te perder,
> Na atividade Te reencontrarei.

※7※

Seu sucesso na vida não depende apenas de habilidades inatas: depende também de sua determinação de agarrar as oportunidades que surgem. Na vida, as oportunidades surgem por criação, não por sorte. São criadas por *você*, hoje ou em alguma ocasião num passado recente ou distante. Como as mereceu, use-as para obter delas o máximo de vantagem.

Você pode tornar sua vida muito mais rica, agora e no futuro, se concentrar a atenção nas necessidades imediatas, empregando todas as suas habilidades e informações disponíveis para concretizá-las. Você precisa desenvolver *todos* os poderes que Deus lhe deu, os poderes ilimitados que brotam das forças íntimas de seu ser.

❈8❈

Seus pensamentos o levarão, inevitavelmente, ou para o fracasso ou para o sucesso — *dependendo de qual desses pensamentos for mais forte*. Portanto, você deve acreditar sinceramente em seus próprios planos, recorrer aos seus talentos para implementá-los e ser receptivo a Deus, de modo que Ele possa trabalhar por seu intermédio. As leis divinas operam o tempo todo. Você demonstra sempre sucesso ou fracasso de acordo com o tipo de pensamentos que *habitualmente* alimenta. Se seus pensamentos tendem a ser negativos, um pensamento positivo ocasional não basta para transformar a vibração de fracasso em vibração de sucesso.

❈9❈

A esperança é a luz eterna no caminho escuro que a alma deve percorrer para reencarnar e chegar até Deus.

Os seres humanos têm esperança e se esforçam por algum tempo; mas, se fracassam repetidas vezes, perdem a esperança e desanimam. O homem divino nunca deixa de esperar, pois sabe que tem pela frente a eternidade toda para concretizar seus sonhos.

Matar a esperança e ceder ao desânimo é colocar uma máscara animal de limitação para esconder a identidade divina do poder supremo. Em vez disso, você deve esperar o mais alto e o melhor — pois, como filho de Deus, nada é demasiado bom para você. Continue alimentando a esperança. Ela nasce de um conhecimento intuitivo da alma, o de que, por fim, evocaremos a imagem esquecida de Deus dentro de nós.

❖10❖

O homem capaz de se concentrar com fervor deve pedir a Deus que dirija sua mente focalizada para o caminho certo do sucesso. As pessoas passivas querem que Ele faça o trabalho todo, enquanto as egoístas atribuem qualquer sucesso a si próprias. As pessoas passivas não usam o poder de Deus como inteligência; as egoístas, embora usem a inteligência dada por Deus, esquecem-se de pedir Sua orientação sobre o modo de usá-la. Fico magoado ao ver egoístas fracassando depois de fazer esforços sinceros, inteligentes.

É necessário evitar tanto a passividade quanto o egoísmo. No início da manhã e antes de ir para a cama, todo homem, mulher e criança deve fazer contato com Deus a fim de obter sucesso.

A mensagem de sua alma não chega a Deus por intermédio de seu microfone mental caso este tenha sido estilhaçado pelos martelos da inquietude. Você terá de consertar o microfone praticando o silêncio profundo de manhã e antes de dormir, até que todos os pensamentos inquietos desapareçam. Depois, afirme com convicção: "Meu Pai e eu somos Um", até sentir a resposta de Deus como uma sensação profunda e crescente de paz. Essa paz não será percebida a menos que você pratique o método certo de meditação. A paz crescente, ou bênção, é a prova mais cabal do contato com Deus e da resposta Dele.

Você deve proferir a mensagem "Meu Pai e eu somos Um" até sentir a bênção poderosa e consoladora de Deus. Se isso acontecer, então você fez contato com Ele. Em seguida, requeira seu direito celestial afirmando: "Pai, sou Teu filho. Leva-me pelo caminho da verdadeira prosperidade" ou "Pai, vou raciocinar, vou querer e vou agir, mas orienta minha razão, minha vontade e minha atividade para que eu faça o que devo fazer a fim de adquirir saúde, riqueza, paz e sabedoria".

Não queira nem aja antes de contatar Deus primeiro e, assim, robustecer sua vontade e atividade para alcançar o objetivo certo.

Você não pode receber uma resposta se chamar alguém por um microfone e ir embora; portanto, não reze uma vez e se cale, mas divulgue repetidamente sua prece a Deus por intermédio de seu microfone mental sereno *até* ouvir a voz divina. A maioria das pessoas reza apressadamente, sem esperar para receber a resposta.

Lembre-se de que a maneira mais segura de alcançar a plena prosperidade — ou a saúde, o dinheiro, a paz e a sabedoria — consiste em, primeiro, reclamar seu direito de nascença perdido emitindo continuamente uma mensagem a Deus por intermédio de seu sereno microfone mental *até* receber a resposta divina graças à bênção crescente da meditação.

Capítulo 7

Descubra sua Verdadeira Natureza em Silêncio

❖ 1 ❖

Em consequência de uma teimosa concentração no corpo insignificante e suas necessidades, a alma se esqueceu de sua natureza onipresente. Deus é onipresente. A alma humana, feita à imagem e semelhança de Deus, possui em si a experiência seminal da onipresença. Esta se acha oculta na alma pequena assim como a árvore se esconde na semente minúscula.

Observar o corpo todos os dias faz com que a mente se julgue confinada na carne. A mente, meditando sobre o corpo, torna-se limitada por ele. A mente, meditando sobre o Infinito, torna-se ilimitada. A meditação sobre o Infinito, à medida que se aprofunda, convence a mente de que ela não está apenas no corpo, mas em tudo.

O homem espiritual, graças à irradiação da luz da simpatia e da meditação, aprende a sentir os problemas e as dores de outras almas. Descobre que o mundo é seu lar. Eis por que o aspirante, ao meditar, deve romper os laços com o corpo, que é insignificante. Deve aprender a ficar imune ao frio e ao calor. Deve superar a fome e a dor. Deve eliminar todos os apegos que governam o corpo insignificante, pois enquanto a mente permanecer focada no corpo a alma não conseguirá evocar sua natureza onipresente.

Meditar é pensar constantemente na vastidão interior e exterior, para que a alma possa esquecer seus vínculos com o corpo insignificante e sentir-se grande como Deus.

❖2❖

Você tem vagado pelas solidões da distração, longe de seu lar de paz. Você é um filho pródigo que quer voltar para sua casa de felicidade. O Pai está esperando. Não seja um mendigo aprisionado dentro de paredes de limitação que você próprio erigiu. Ponha abaixo as paredes. Tente ser um bom filho, não um irresponsável.

Medite e depois divulgue suas preces-pedidos por intermédio de seu microfone mental sereno. Em voz alta, em voz baixa ou mentalmente, afirme: "Pai, Tu e eu somos Um" até sentir a Unidade, não apenas na inteligência consciente ou na imaginação subconsciente, mas também na convicção superconsciente.

Quando sua mensagem de anseio alcançar Deus dessa maneira, você sentirá a resposta divina. Mantenha seu rádio mental bem sintonizado, com suaves toques de devoção profunda e amor enorme, constante.

Então, quando você menos esperar, Ele se manifestará claramente sob a forma de canção, voz cósmica ou fragrância de um trilhão de flores místicas. O indício mais seguro da presença Dele é o amanhecer da paz, que se pode considerar o primeiro mensageiro a anunciar Sua proximidade secreta. Depois, a paz explode em mais luzes esfuziantes de alegria infinita e você O vê no fulgor de uma alegria crescente, envolvente e sempre nova.

Você não atrairá jamais esse mensageiro antes de abrir a porta secreta da meditação profunda. Quando o contato for feito por meio da paz e da alegria crescentes, diga ao Pai que você não é mais um filho pródigo. Diga-Lhe repetidas vezes, com sua profunda convicção superconsciente, que você e Ele são um só. Você voltou para a casa paterna.

Depois que o Pai aceitar seu pedido supremo de unidade com Ele, peça coisas menores: prosperidade, poder, sabedoria ou qualquer outro dom que desejar. Você receberá então seu direito divino de nascença.

※3※

Na pessoa nervosa, que mantém o corpo em constante movimento, a Força Vital é inquieta, a mente é inquieta, a vitalidade é inquieta, a respiração é inquieta. Mas em quem controla a Força Vital com exercícios espirituais e a prática da calma pela meditação, a mente e o poder da vida também ficam sob controle.

Acalmando a respiração com exercícios respiratórios adequados, a pessoa consegue se concentrar profundamente. Graças à concentração mental e ao autocontrole obtidos na meditação, ela acalma automaticamente a respiração e a Força Vital, alcançando assim a estabilidade de caráter.

❖4❖

Pratique a arte do silêncio. Os tigres das preocupações, doenças e morte estão em seu encalço e o único lugar seguro para você é o silêncio.

Quanto mais silencioso você for, mais feliz será. Aqueles que meditam profundamente sentem um silêncio maravilhoso, que deve ser mantido mesmo na companhia de outras pessoas. O que você aprender na meditação, pratique em suas atividades e conversas, não permitindo que ninguém perturbe sua calma. Agarre-se à sua paz.

Não se deixe afetar pelo estado de consciência dos outros. Se entoarem cânticos a Deus, seja um com eles; mas, se revelarem qualidades indesejáveis, afaste-se. Encontre-se com as pessoas em silêncio, coma em silêncio, trabalhe em silêncio. Deus ama o silêncio.

❖5❖

O reflexo da lua em um vaso de água agitada parece distorcido; mas a lua nunca se distorce — é a água agitada que produz a ilusão. Estabilize a água no vaso e você verá a imagem perfeita, não distorcida, da lua.

A imagem perfeita de Deus dentro de você é distorcida por sua inquietação mental e falta de convicção. Suas habilidades celestiais estão dentro de você, intactas; as ondas de suas convicções erradas, produzidas pelo ambiente, bem como os maus hábitos subconscientes, é que fazem a poderosa imagem dentro de você parecer distorcida. Aprenda a acalmar suas ondas mentais com a varinha mágica da superconcentração e verá, sem distorções, sua capacidade perfeita, que tudo vence.

→6←

Deus esteve com você no início e tem estado com você o tempo todo. Só Ele estará ao seu lado quando você se for. Faça as pazes com Ele agora. Nenhuma obrigação é mais importante do que o dever para com Deus, pois nada se faz sem o poder divino.

→7←

O homem opera cinco telefones — os sentidos da visão, da audição, do olfato, do paladar e do tato —, controlados pela medula e pelo coração. O coração e a medula são o painel de controle graças ao qual esses telefones entram em contato com o cérebro. Quando uma sensação alcança o cérebro, imediatamente ela desperta pensamentos. A maneira científica de eliminar o pensamento é não prestar atenção aos objetos dos sentidos.

Por meio da meditação, você aprende a desconectar sua energia dos sentidos* e, conscientemente, penetrar no Infinito. Experimenta uma expansão da consciência, que se desloca dos limites do corpo para os limites da eternidade.

---

* A Técnica *Hong-Sau*, no Capítulo 9, é bastante eficaz para desconectar a energia dos sentidos. (N.E.)

A menos que você elimine por completo, do templo da atenção, os pensamentos perturbadores, Deus não virá. Deus só se entrega quando está seguro de que todos os pensamentos mundanos foram removidos de sua mente. Ele é como a chama de uma vela, que não resiste ao sopro da inquietação. Mas arderá imperturbável quando você não estiver mais inquieto.

❖8❖

Nós ensinamos um método científico de concentração. Um método popular, ineficaz, pode ser descrito por essa tentativa fracassada:

A cena se passa num apartamento, por volta das 14 horas de um dia de inverno. Uma senhora entra, fecha apressadamente as cortinas e senta-se numa cadeira de espaldar reto para meditar. Mal seu corpo toca a cadeira, ela exclama: "Meu Deus, esta cadeira é dura demais! Vou buscar uma almofada". Sentada na almofada, ela de repente percebe que a cadeira está maliciosamente balançando e perturbando o início de sua concentração. Assim, transfere o corpo e a almofada para outra cadeira.

"Agora, sim, tudo está perfeito para um mergulho agradável nas profundezas da concentração." Um instante depois, já pronta para o mergulho interior, ela ouve: "Tá, tá, tá, tá, bum, tá, tá, tá, bum" — é o aquecedor fervendo. Chateada, a mulher desliga o aparelho. Justificadamente indignada, sente-se ainda mais decidida a mergulhar fundo nas profundezas da meditação.

Um minuto depois, "plim, plong, plim, plong" — é o piano do apartamento ao lado. Aborrecida, ela pensa: "Lá está aquele maldito piano outra vez! E bem na hora em que eu me sento para meditar!"

À medida que sua raiva vai diminuindo na penumbra, ela começa a refletir: "Bem, esse piano realmente é ótimo. Só falta a afinação". Logo vem a lembrança do piano de sua querida avó, nos doces tempos de outrora — aquela queridíssima avó, que sempre a protegia da disciplina rígida de seus pais... e outros pensamentos afetuosos sobre a boa velhinha.

Súbito, a mulher se força a sair do suave devaneio e lembra: "Oh, devo praticar o silêncio! Devo me concentrar!" Assim, com virtuosa dignidade, recriminando o espírito por suas divagações e reafirmando o autocontrole, ela novamente tenta meditar.

Mal fecha os olhos e "trim, trim, trim", grita o telefone com uma insistência desavergonhada, irritante. A mulher desabafa, rangendo os dentes: "Não vou atender. Grite o quanto quiser, sr. Telefone". Mas o impertinente continua com seu "trim, trim", exibindo uma inacreditável persistência.

"Bem, talvez seja uma chamada importante. 'Alô? Aqui é Somerville 2924. O que você deseja?'" Ouve então a resposta exasperante: "Desculpe, foi engano". A mulher bate com força o aparelho no gancho.

Finda essa terrível provação, ela reúne coragem para tentar se concentrar de novo, enquanto seu cérebro remói o pensamento: "Vou cortar esse telefone. Assim, ele não me perturbará de novo". Empunhando uma tesoura, está prestes a cortar o fio quando lhe ocorre a inconveniência que isso poderá significar; muda de ideia e deixa o telefone fora do gancho.

Feito isso, senta-se de novo, vitoriosa, em seu trono de concentração. Passam-se alguns minutos e ela está quase cochilando após as batalhas sucessivas com o piano, o telefone etc. Percebendo que vai dormir, um pouco envergonhada ajeita-se ereta na cadeira outra vez, para voltar a meditar. De súbito, a campainha da porta soa estridentemente. Como antes, ela pensa: "Não vou atender".

Mas a campainha continua tocando até que ela pondera: "Talvez seja algo importante!" Na porta, ela esboça um sorriso galvanizado para saudar suas três amigas, todas com mestrado na arte da fofoca, e dispara: "Como vão vocês? Entrem, queridas! Que bom que vocês vieram!" Por trás do sorriso forçado, esconde-se o murmúrio silencioso: "Suas pestes fofoqueiras, quando irão embora para que eu possa me concentrar?"

Durante três horas, ela ri gostosamente da loucura das três comadres de língua solta. Por fim, a porta se fecha atrás de suas silhuetas evanescentes. Aliviada, a boa senhora senta-se outra vez para recuperar seu trono de silêncio perdido, mas sua atenção se volta para lembranças de aquecedores, pianos, telefones, campainhas e tagarelices. Olha para o relógio e, com um suspiro de resignação, diz: "Desisto, cara

Concentração. Parece que, hoje, não posso ficar com você. Agora, preciso correr para preparar o jantar".

Essa experiência é apenas uma amostra do que acontece à maioria das mulheres e homens quando tentam se concentrar.

Deus tenta falar com Seus filhos pela voz do silêncio e da paz, em resposta às preces deles; mas Sua voz é geralmente sufocada por toques de telefones, sensações de tato, olfato, paladar, audição e visão, bem como por ruídos insistentes de pensamentos despertados pelos sentidos e pela memória. Com tristeza, Deus se afasta.

Capítulo 8

Contate Deus por Meio da Devoção, da Prece e da Meditação

❖1❖

Resgate sua alma do sonho das fragilidades. Resgate-a para a sabedoria eterna. Qual é o método? Relaxamento, autocontrole, dieta adequada, força na medida exata e atitude firme da mente. Não aceite a derrota. Aceitá-la acarreta outra ainda maior.

Você possui um poder ilimitado: cultive-o. A meditação é a maneira de resgatar sua alma das amarras do corpo e das tribulações. Medite aos pés do Infinito. Aprenda a saturar-se de Deus. Suas tribulações podem ser grandes, mas seu maior inimigo é você mesmo. Você é imortal; as tribulações, não. Elas mudam; você não muda. É possível liberar os poderes eternos e esmagar as tribulações.

❖2❖

Não se preocupe caso não consiga, de início, contatar Deus ou ouvir Sua batida na porta do coração. Por muito tempo você fugiu Dele, ocultando-se no pântano dos sentidos. O ruído de suas próprias paixões incontidas e o eco de seus passos pesados no mundo material incapacitaram-no de ouvir o chamado divino interior. Pare, fique calmo, medite profundamente e, do âmago do silêncio, surgirá a Presença de Deus.

Deus segue a lei. Todos aqueles que se sujeitam à lei podem testá-la e experimentá-la por si mesmos. As leis físicas precisam ser interpretadas pelos sentidos físicos. As leis divinas precisam ser compreendidas por meio da concentração, da meditação e da intuição. Deus não se esconde da pessoa que exerce a devoção, o amor, a meditação correta e o chamado da alma. Deus nunca deixa de ouvir esse chamado, mas nem sempre responde da maneira que esperamos.

Quando uma alegria inteiramente nova e cada vez mais intensa enche o seu silêncio, pode estar certo de que você contatou Deus e de que Ele está respondendo por intermédio de sua alma.

Recorra à meditação profunda, mesclada com uma devoção extrema (nas horas silenciosas da noite, ao romper do dia ou à luz difusa do crepúsculo) para buscar respostas a seus desejos. Medite e use sua força de vontade com empenho dia após dia, semana após semana, ano após ano, até que o silêncio cósmico das eras se rompa e você obtenha a resposta. Você não terá de esperar durante eras, pois descobrirá na meditação profunda que a bênção divina o rodeará e lhe falará por meio da voz da paz.

※3※

Você tem de descobrir que tipo de prece traz uma resposta de Deus. Preces puramente intelectuais dão satisfação intelectual, mas não fornecem uma resposta consciente de Deus. Preces emocionais provocam excitação, mas preces devocionais proporcionam a alegria serena da alma.

Para obter resposta às suas preces, você deve orar com inteligência, com uma alma ardente — quase nunca em voz alta, a maioria das vezes mentalmente, sem revelar a ninguém o que está acontecendo em seu interior. Você tem de orar com a máxima devoção, tem de sentir que Deus está ouvindo tudo o que está afirmando mentalmente. Ore nas profundezas da noite, na reclusão de sua alma. Ore até que Deus lhe responda por meio da voz inteligível da alegria esfuziante, espalhada por todas as células de seu corpo e todos os seus pensamentos, ou por meio de visões reveladoras do que você deve fazer em cada caso.

A alegria crescente após a meditação é a prova de que Deus respondeu pelo rádio de seu coração, sintonizado na devoção. Quanto mais demorada e profundamente você meditar ou afirmar, mais ficará consciente da alegria cada vez mais intensa em seu íntimo. Então saberá, sem sombra de dúvida, que existe um Deus e que Ele é uma Alegria eterna, onisciente, onipresente e sempre nova. Peça então: "Pai, agora, hoje, todos os dias, todos os amanhãs, todos os instantes no sono, na vigília, na vida inteira, na morte e no além fique comigo como a alegria conscientemente atenta de meu coração".

※4※

O método usual de meditação é, para a maior parte, ineficiente porque nós realmente não fazemos um acordo com Deus. Ele sabe quais são os desejos egoístas que abrigamos no fundo da mente; assim, não se manifesta. Enquanto os demônios das sensações e pensamentos dançarem nos templos do corpo e da mente, será difícil reconhecer Deus, que permanece oculto atrás do véu do silêncio interior.

❋5❋

Muitas pessoas se distraem quando rezam. Algumas amam a Deus, mas não exprimem esse amor constantemente. Essas preces não são atendidas.

Há aquelas que pedem esmolas a Deus e recebem o óbolo do mendigo, não a herança do filho. O mendigo suplica; o filho solicita. Quando pede, o mendigo bajula, se submete e rasteja; quando solicita, o filho é direto, sincero e afetuosamente corajoso. Quem solicita como filho recebe tudo o que o Pai possui.

O mendigo não sabe se receberá; o verdadeiro filho sabe que sua solicitação será atendida. Você era filho, mas sua fraqueza o transformou em mendigo; torne-se filho de novo antes de exigir seu direito de nascença. Exija, pois, ser filho antes de solicitar qualquer outra coisa. Primeiro, estabeleça sua identidade com Deus, como fez Jesus, compreendendo, na alegria da meditação, que "Eu e meu Pai somos um". Não Lhe peça como um mendigo, mas junte sua alma, distanciada pela ignorância, com Deus — permanecendo constantemente identificado com a Bênção sempre nova dentro de você.

Depois de retomar seu jubiloso contato com Deus-Bênção, poderá pedir saúde, prosperidade ou sabedoria, mentalmente.

※6※

Não desanime por causa da doença, da pobreza ou da fraqueza moral. Lembre-se: o sofrimento e o pecado são apenas incidentes passageiros; na realidade, você é eternamente um Filho de Deus. Mesmo se o mundo o condenar e o discriminar, Deus sempre procurará você para trazê-lo de volta ao lar. Não se preocupe por não vê-Lo nem ouvi-Lo bater à porta do seu coração.

※7※

A solidão é o preço a pagar pelo contato com Deus. O conhecimento das leis que propiciam a sintonia dos rádios do corpo, da mente e da alma com Deus é necessário. Mas como Deus está também acima da lei, impõe-se a devoção para chamar a atenção Dele. O chamado devocional, quando sincero, profundo e contínuo, além de suplementado por esforços honestos na meditação profunda, obterá uma resposta divina. O pedido devocional é maior que a lei, pois toca o coração de Deus e convence-O a responder a Seus filhos bons e maus da mesma maneira. O amor faz com que Deus se renda ao devoto.

Não seja como a criança que para de chorar quando sua mãe lhe dá um brinquedo, mas chore o tempo todo, como um bebê manhoso, atirando longe todos os engodos e brinquedos de nome, fama, poder e posses a fim de comover o coração da Divina Mãe; então, obterá a resposta às suas preces. Reze até ficar absolutamente seguro do contato divino;

depois, exija do Altíssimo, como seu divino direito de nascença, a satisfação de suas necessidades materiais, mentais e espirituais.

❖8❖

A meditação é um relaxamento completo, a única maneira de conhecer Deus. Você pode fazer tudo; mas, se não meditar, jamais encontrará a alegria que vem quando os pensamentos são silenciados.

Talvez pergunte: "Como posso ter certeza de que essa alegria a que você se refere existe realmente?" Eu lhe garanto: se você praticar a meditação todos os dias, sem interrupção, encontrará em seu íntimo uma alegria eterna, sempre consciente e sempre nova. Com a prática, ela permanecerá com você na atividade, no silêncio e até no sono. É uma alegria que constantemente o guiará para a ação correta em tudo e responderá às suas preces.

Garanto também: depois de alcançar essa alegria, você descobrirá que outros desejos se tornam comparativamente insignificantes. Sua consciência se expandirá. Você permanecerá impassível diante dos maiores desafios. O mundo inteiro não será capaz de induzi-lo a renunciar a essa bênção. Você fruirá a totalidade da vida nessa bem-aventurança.

❖9❖

A alegria que nasce da meditação é prova da existência de um Deus eternamente jubiloso. Às vezes, quando o sono quer me dominar, digo: "Afasta-te de mim, tóxico poderoso! Não quero perder esta alegria mergulhando em tua inconsciência".

Seu corpo inteiro muda quando você pratica a meditação com frequência, pois, havendo um contato verdadeiro com Deus, todas as coisas se tornam harmoniosas e se mesclam num oceano de paz. Entretanto, você precisa praticar as técnicas da meditação com honestidade, sinceridade, consistência e persistência, para se tornar consciente dessa força suprema.

❖10❖

Você se esqueceu de que seu reino é a onipresença. Olhe-se num espelho para constatar o que tem feito consigo mesmo. A idade pouco importa; porém, quando você parece velho, isso é não é nada bom. Esteja sempre brilhante por dentro, com luz e humor infinitos. Deus cintila o tempo todo diante de seus olhos, mas você O ignora. Lembre-se de que, por trás da escuridão dos olhos fechados, brilha a luz de Deus. E esse reino é seu. Você é onipresente. Seu lar é a eternidade.

❖11❖

Antes de meditar sobre nossas bênçãos, sobre aquilo a que devemos ser gratos e não sobre nossas tribulações, doenças e inquietudes, devemos conhecer Deus.

❖12❖

Quanto mais você sentir paz na meditação, mais próximo ficará de Deus.

❖13❖

Durante a meditação profunda, cria-se um agradável estado de paz; depois, porém, a respiração ruidosa volta, despertando todos os desejos e distrações materiais. O devoto não deve desanimar por isso, mas aprender a acalmar a respiração e os sentidos por meio da meditação profunda.

Mesmo que não consiga subjugar a carne, ele tem de meditar da mesma maneira, pois então conseguirá comparar os prazeres menores dos sentidos com os prazeres maiores da alma.

❖14❖

Enquanto um pensamento insistente ou um movimento corporal persistirem, você não logrará ouvir a Voz Interior nem ver o Olho Interior. Em suma, Deus não entrará em seu templo. Mas num templo corporal impassível por dentro e por fora, Deus pode ser convidado a entrar. A verdadeira intuição e a verdadeira visão serão assim despertadas.

❖15❖

É necessário sentar-se com o tronco ereto. Quando você se senta com a espinha curvada, inclinando-se para a frente, o corpo parece dizer-lhe que está pronto para desistir. Sente-se, pois, como se estivesse tratando de um assunto sério.

Uma espinha curvada é inimiga da autorrealização. Sua alma estará nela; suas correntes elétricas ficarão ocupadas com os músculos e a carne, impedindo-o de se concentrar em Deus. Pratique a disciplina do corpo e sua mente ficará livre para alçar sua consciência do corpo ao Infinito.

❋16❋

Durante a meditação, algumas pessoas adormecem. Mas é preciso que fiquem totalmente despertas. Se você sentir que o sono está chegando, mande-o embora — enrijeça todo o corpo e ele desaparecerá. O ar fresco também nos mantém despertos.

❋17❋

A autorrealização é como uma semente tenra. Você precisa regá-la com a meditação e rodeá-la com uma cerca para que preocupações, medos e raiva não destruam a pequena planta.

Medite e mantenha a mente o tempo todo apontada para o Polo Norte da consciência divina. Seja como a bússola. Não importa para onde ela se volte, a pequenina agulha da atenção aponta sempre para o Polo Norte. O mesmo se aplica à sua consciência. Esteja com Deus a cada minuto. Goze tudo com o Infinito e você será feliz tendo essa consciência.

☀18☀

A mente precisa manifestar calma. Frente às preocupações e desafios do cotidiano, ela tem de ser como a água, que não retém nenhuma impressão das ondas que deslizam na sua superfície.

Graças à prática da meditação, a pessoa consegue obter uma paz completa no coração, nos pulmões e outros órgãos internos. Quando os músculos e os órgãos internos ficam livres do movimento, por causa da descontração, a decadência ou o desgaste dos tecidos do corpo são temporariamente inibidos.

Entre no silêncio absoluto todas as manhãs e expulse todos os pensamentos por vários minutos a cada vez. Quanto mais você meditar, mais perceberá que nada pode lhe dar esse prazer refinado exceto a alegria crescente do silêncio. O contato com a alegria, na meditação, é o contato com Deus. Ore profundamente e com devoção, primeiro pelo amor divino; depois pela sabedoria, felicidade, saúde e prosperidade; por fim, pela realização de um desejo legítimo específico.

19☀

Os minutos são mais importantes que os anos. Se você preencher os minutos de sua vida pensando em Deus, verá que os anos se saturam automaticamente da consciência divina.

Nunca pense no amanhã. Cuide do dia de hoje e todos os amanhãs cuidarão de si mesmos. Não espere até amanhã para meditar. Não espere até amanhã para ser bom. Seja bom agora. Seja calmo agora. Isso dará outro rumo à sua vida.

Capítulo 9

Técnicas de Meditação

1

Pratique o exercício seguinte de manhã, logo após se levantar, na hora do almoço e antes de dormir: deite-se de costas, descontraído e imóvel. Não pense no tempo.

Ofereça uma prece profunda de devoção a Deus até perceber que Ele lhe responde. Você saberá que isso aconteceu ao sentir uma paz e uma satisfação íntimas cada vez mais intensas. Depois, com os olhos fechados, expire e, com a respiração contida, concentre o olhar e a mente no ponto entre as sobrancelhas, repetindo mentalmente doze vezes: "Om-Espírito-Cristo" ou "Om-Espírito-Bênção". Em seguida, inspire.

Repita o exercício de doze a 24 vezes. A seguir ofereça, do fundo do coração, uma prece a Deus até se sentir em contato com Ele por meio de uma paz cada vez mais intensa.

O indício absolutamente seguro da presença divina é uma paz viva e consciente em seu íntimo. Quanto mais você se concentrar, e mais profundamente, mais rápido será o aumento dessa paz, que é o idioma de Deus.

Ao sentir essa paz profunda no íntimo, afirme: "O Espírito e eu somos um. Espírito, manifesta Tua sabedoria plenamente, por meu intermédio!" Ou: "O Espírito e eu somos um. Tu és meu Pai e eu sou Teu filho. O que Tu tens, eu tenho. Dá a Teu filho toda a prosperidade real que lhe pertence".

❖2❖

As meditações seguintes ajudarão o aspirante espiritual a libertar a alma do confinamento no corpo e a conceder-lhe a liberdade eterna no infinito.

- Logo ao despertar, sente-se com as costas retas e olhe pela janela aberta a vastidão do céu — ou, se ele não for visível de sua janela, visualize-o mentalmente. Imagine sua mente contemplando seu corpo, o quarto e o céu ao mesmo tempo. Medite por alguns minutos, até sentir que você é seu corpo, o quarto e o céu. Você pode também praticar essa meditação num belo local ao ar livre, de dia ou de noite.
- Sente-se com as costas retas e feche os olhos. Imagine-se sentado no centro do quarto e que sua casa é o mundo, com o teto por céu. Visualize essa casa-mundo decorada de neve nos polos e semeada de montanhas, rios, lagos e oceanos encapelados. Contemple as samambaias das florestas que enfeitam sua casa terrena.

Agora imagine todas as nações, raças, famílias e pessoas queridas reunidas à sua volta, interpretando o drama da vida no palco do tempo. Diga mentalmente: "Olá, pais, mães, irmãos, irmãs e amigos brancos, pardos, negros e amarelos!" Tente sentir todas as raças como se fossem sua própria família e entes queridos.

Diga mentalmente: "Reverenciemos todos nosso Pai Único, Deus, que nos fez à Sua imagem e semelhança. Reverenciemos nossos avós, Adão e Eva, cujo

sangue corre nas veias de todos nós. Agradeçamos a Deus por nos colocar nesta grande morada, a Terra; vivamos alegre e harmoniosamente, segundo Sua vontade".
- Medite de olhos fechados. Diga mentalmente: "Dissolvo meu corpo em escuridão". Observe o espaço escuro e ilimitado da eternidade em cima, embaixo, na frente, atrás, dentro e fora — em toda parte. Depois, visualize um balão com as cores do arco-íris rodeando seu corpo. Esse balão de borracha não pode estourar nunca, por mais que você insufle nele seu sopro luminoso.

Expire lentamente e visualize o balão de luz expandindo-se com seu sopro luminoso até se tornar grande o bastante para conter constelações, universos e sistemas planetários e solares, inclusive a Terra e seu corpo.

※3※

Sente-se ereto, com as escápulas ligeiramente aproximadas, peito para fora, barriga para dentro, mãos nas junturas das coxas com o abdome. Concentre-se no ponto entre as sobrancelhas. Esqueça o corpo, a casa, a Terra, o Sol e o céu; esqueça a carne, os pensamentos e os sentimentos. Sinta apenas a vastidão em seu interior.

Repita para si mesmo: "Sou Infinito, sou Infinito, sou Infinito". Continue afirmando isso mentalmente até sentir que está além de todas as coisas. Diga: "Estou além do tempo, estou além do espaço, estou além do corpo, do pensamento e da fala; além da matéria e da mente. Sou a Bênção Infinita, sou a Bênção Infinita". Medite sobre isso.

❖4❖

Concentre-se no ponto entre as sobrancelhas. Expire, inspire lentamente pelas narinas, segure a respiração, conte de um a doze e sinta toda a energia juntando-se no ponto entre as sobrancelhas. Expire lentamente; e, lentamente, inspire pelas narinas, segure a respiração e conte até 25. Expire lentamente. Inspire lentamente pelas narinas, segure a respiração e conte até quarenta, sentindo a energia no ponto entre as sobrancelhas. Expire lentamente. Agora esqueça a respiração e concentre-se no ponto entre as sobrancelhas.

❖5❖

Imagine uma bola de escuridão. Sinta-a se expandindo para incluir o quarto, a cidade, o Estado. Essa bola de escuridão se expandirá ainda mais para incluir todo o seu país, todas as nações, todas as estrelas, a Via Láctea, os universos e, por fim, o cosmo inteiro. Agora, imagine-a se tornando luz. Sinta essa bola luminosa tragando tudo o que existe. O universo inteiro é uma bola incandescente, que em seguida se transforma numa bola de felicidade infinita. Você é essa felicidade. Medite sobre isso.

☙6☙

A técnica *Hong-Sau* de concentração

Você pode praticar esta técnica a qualquer hora. Onde quer que esteja, sente-se com a espinha ereta e relaxe totalmente. Feche os olhos (ou fixe, com eles semicerrados, o ponto entre as sobrancelhas). Em seguida, com calma profunda, observe mentalmente sua respiração *sem controlá-la, à medida que entra e sai de seu corpo.* Ao inspirar, mova o dedo indicador da mão direita para dentro, na direção do polegar, e mentalmente (sem mexer a língua ou os lábios), entoe "*Hong*". Ao expirar, estenda o dedo indicador e entoe mentalmente "*Sau*". (O objetivo de mover o dedo indicador é tornar mais eficiente a concentração e diferenciar a inspiração da expiração.)

Não tente, de maneira alguma, controlar mentalmente a respiração. Antes, assuma a atitude serena do *observador silencioso*, acompanhando o fluxo natural da respiração à medida que ela entra e sai do corpo.

Pratique esta técnica com grande reverência e atenção por pelo menos dez minutos (no início). Quanto mais longa for a sessão, melhor. Ela lhe dará uma sensação profunda de calma interior e o conduzirá finalmente à constatação de que você não é o corpo, mas a alma — superior ao corpo material e independente dele.

Para a meditação formal, sente-se numa cadeira sem braços e de espaldar reto. Estenda sobre ela um cobertor de lã, que cubra o espaldar e desça até embaixo de seus pés. Olhe para o leste. Sente-se ereto, sem se encostar no espaldar. Prepare-se para praticar *Hong-Sau* relaxando primeiro o corpo: inspire e contraia todos os músculos, expire e relaxe.

A técnica *Hong-Sau* pode também ser praticada nos momentos de lazer ou de espera — por exemplo, na antessala do médico. Simplesmente observe sua respiração e, enquanto isso, entoe mentalmente "*Hong*" e "*Sau*" sem mover o dedo, fechar os olhos ou mirar o ponto entre as sobrancelhas, nem fazer nada que possa chamar a atenção dos outros à sua volta.

A finalidade da técnica *Hong-Sau* é ajudá-lo a desviar a atenção do mundo exterior e dos sentidos, pois a respiração é o laço que mantém a alma atada ao corpo. O homem vive numa atmosfera de ar, de que precisa como o peixe precisa de água. Ultrapassando a respiração graças ao ato de não respirar, o homem pode penetrar nos reinos celestes de luz, onde moram os anjos. Graças à observação desapaixonada do ar entrando e saindo do corpo, a respiração se torna naturalmente mais lenta, acalmando por fim a atividade do coração, dos pulmões e do diafragma, que perturba a paz.

Reflita por um momento no seguinte fato: o coração bombeia várias toneladas de sangue por dia! Não descansa nem mesmo à noite, quando a maioria dos outros órgãos tem a chance de suspender sua atividade ao menos parcialmente. O órgão que mais trabalha (e o mais sobrecarregado) é o coração. A técnica *Hong-Sau* é um método científico para fazê-lo descansar, aumentando com isso a longevidade e liberando uma enorme quantidade de Corrente Vital, ou energia, a ser distribuída pelo corpo inteiro: isso renova as células e retarda o envelhecimento.

Essa técnica maravilhosa, embora simples, é uma das maiores contribuições da Índia ao mundo. Ela prorroga a vida humana e constitui um método prático para ultrapassar a consciência corporal, fazendo com que a pessoa se realize como Espírito Imortal. As palavras sânscritas *Hong* e *Sau* têm força de mantras. A expressão básica *Aham saha* significa "Eu sou Ele".

A importância do relaxamento

Durante o sono, nossos sentidos relaxam. A morte é um relaxamento completo, embora involuntário, do espírito em relação ao corpo. Ela sobrevém após a parada da atividade do coração. Usando a técnica do *Hong-Sau*, a pessoa consegue relaxar até o coração, desse modo superando a tendência à exterioridade e experimentando a morte *conscientemente*, isto é, eliminando o senso de mistério que envolve a morte e o medo de morrer. A pessoa pode, com efeito, deixar seu corpo voluntária e serenamente na hora da morte, em vez de ser expelida dele com violência e, não raro, tomada por completa surpresa.

A falta de atenção durante a prática dessa técnica pode ser soporífera, produzindo sono. A atenção concentrada, por outro lado, leva a cada célula do corpo uma sensação vibrante de vida divina.

Se puder, pratique a técnica por mais tempo — na verdade, pelo tempo que quiser. Eu, quando criança, costumava praticá-la por sete horas de cada vez e, com isso, alcancei um estado profundo de transe sem respiração. Conserve a calma que sentiu durante e após a prática. Faça isso pelo maior tempo possível. Aplique-a nas situações práticas da vida, quando tratar com pessoas, estudar, fazer negócios ou pensar. E use-a para aprimorar o autocontrole, ao tentar se livrar de algum hábito emocional ou mental enraizado e pernicioso. Quando a situação o exigir, evoque mentalmente a calma que sentiu durante e após a prática dessa técnica, e, revivendo aquele estado, enfrente a situação a partir do centro interior da calma, onde sua intuição anímica natural garantirá o melhor resultado possível.

Lembre-se: uma profunda intensidade de concentração é necessária para a correta prática dessa técnica. Mas isso não significa que deverá haver uma sensação de cansaço. Pratique-a calmamente, descontraidamente — e mesmo com reverência —, sentindo nessa calma que está se preparando para ouvir e integrar a Vibração Cósmica, *AUM*. A técnica *Hong-Sau* o ajudará a entrar em contato com o Grande Espírito, que está presente em você sob a forma de sua alma, e que se expressa como vibração, a fonte desse som interior. Os resultados virão sem falta e você sentirá uma calma profunda. Terá intuições superiores após uma prática prolongada e se verá em contato com o reservatório inexplorado de poder divino.

Não seja impaciente. Persista. Incorpore essa prática em sua rotina, tornando-a parte de seu dia tanto quanto comer, escovar os dentes, tomar banho ou dormir. Efeitos tremendamente benéficos inundarão toda a sua constituição mental e física.

Como em tudo o mais, os melhores resultados não aparecem em um dia ou mesmo em vários dias. Pratique! Pratique a técnica e aplique às suas necessidades diárias a calma que ela gera. Lembre-se também: falo por experiência própria — não apenas a minha, mas também a de séculos de meditação pelos grandes yogues de meu país. Você pode, igualmente, ter a mesma experiência gloriosa deles, se perseverar na prática.

Ponto final e importante: onde se concentrar?

Onde você deve focar sua atenção enquanto pratica a técnica? Sim, na respiração; mas *onde*, no corpo?

Sua atenção, primeiro, deve concentrar-se nessas bombas que são os pulmões e o diafragma. Concentre-se então nos movimentos físicos que elas produzem. Aos poucos, à medida que a mente se acalma, desvie a atenção do corpo para a respiração em si. Conscientize-se do ar que entra pelas narinas. Quando estiver ainda mais calmo, tente perceber onde, nas narinas, o fluxo é mais forte. A princípio, será na parte externa das narinas, mas quando sua concentração aumentar, procure sentir onde o fluxo de ar é mais forte dentro do nariz. Depois, já totalmente calmo, sinta o ar penetrando na cabeça, pelo ponto entre as sobrancelhas — a verdadeira sede da concentração no corpo.

A respiração se origina no corpo astral. A inspiração astral corresponde a um movimento para cima através de um ponto conhecido em yoga como *ida*. A expiração astral corresponde a um movimento para baixo através do canal nervoso *pingala*. Quem come peixe pode comparar esses canais aos dois nervos finos que descem por toda a extensão da espinha.

Um fluxo para cima através do *ida* acompanha a inspiração física. E um fluxo para baixo, através do *pingala*, acompanha a expiração física. A respiração astral ocorre por meio do movimento da energia para cima e para baixo. Faz parte do processo reativo. Quando o fluxo de energia para cima é mais forte, sobrevém uma reação positiva, e o mesmo é verdadeiro para a inspiração física voluntária. Quando o movimento para baixo é mais forte (ou quando a expiração física é mais forte que a inspiração), ele se manifesta como suspiro e indica um sentimento de rejeição. Quando a inspiração é mais demorada que a expiração, sobrevém uma reação positiva — uma reação, até, de excitação. Quando a expiração é mais demorada, dá-se um movimento correspondente para dentro do corpo. No sono, a expiração é duas vezes mais longa que a inspiração. Quando a inspiração e a expiração duram o mesmo tempo, estabelece-se o equilíbrio interno.

※7※

Ao praticar a técnica *Hong-Sau*, não force a inspiração nem a expiração. Respire naturalmente, mas observe a passagem do ar para dentro e para fora, entoando mentalmente *Hong* e *Sau*. Caso a respiração parar naturalmente após a inspiração ou a expiração, espere até que ela flua de novo por si mesma. Aprecie as pausas entre as respirações. Deixe que o cântico mental siga o desejo natural da respiração de entrar e sair.

Lembre-se de que o objetivo dessa prática é ampliar naturalmente os intervalos entre a inspiração e a expiração. Se o ar entrar por si só e não sair de imediato, procure apreciar esse estado de respiração ausente. Quando o ar sair, diga *Sau*. Se o ar sair e não entrar logo, aprecie esse estado de respiração ausente até que o ar queira entrar de novo.

Concentre-se nos intervalos, quando não há fluxo de ar, mas não force esse estado tranquilo de interrupção.

Observando o ato de respirar, você destrói a identificação da alma com o corpo e a respiração. Observando o ato de respirar, você separa dele o ego e constata que seu corpo só existe parcialmente graças à respiração.

Observando o ato de respirar, este se torna rítmico e calmo. Observando o ato de respirar calmamente, tanto a respiração quanto a mente se acalmam. Uma mente e uma respiração serenas atenuam o movimento do coração, do diafragma e dos pulmões.

Quando o movimento é simultaneamente removido dos músculos pelo relaxamento e pela suspensão da respiração, bem como dos órgãos internos — coração, pulmões, diafragma etc. —, então a Energia Vital, que todos os dias bombeia toneladas de sangue por meio do coração, retira-se para a espinha e se distribui pelos bilhões de células do corpo. Essa energia eletrifica as células e impede sua decadência. Nesse estado, elas não exigem oxigênio ou substâncias químicas para sustentar a vida. Quando a decadência é retirada dos órgãos internos e externos, o sangue venoso não precisa ser enviado ao coração para ser bombeado até os pulmões e purificado com o oxigênio introduzido pela respiração.

Removendo as impurezas do sangue venoso e paralisando os movimentos internos e externos, graças à observação da respiração, a técnica livra a pessoa da necessidade de viver na dependência da respiração humana e do trabalho do coração.

Quando o homem fica livre do trabalho do coração e da respiração, passando a viver pela "Palavra de Deus" (Energia Cósmica), seu corpo se inunda dessa energia e não depende mais de fontes externas de vida (alimento, água e ar). E isso proporciona maior longevidade.

❋8❋

Durante a meditação, o yogue sente o poder da concentração no centro da vontade, situado no ponto entre as sobrancelhas, e tem uma sensação de paz completa no corpo inteiro. Quando deseja eliminar das células cerebrais as sementes de fracassos e doenças passadas, ele faz com que o poder dessa paz e concentração seja sentido no cérebro todo. Desse modo, as células cerebrais ficam impregnadas de paz e poder, alterando-se assim sua composição química hereditária e psicológica.

9

Todas as noites, ao sentar-se para meditar, ore a Deus incessantemente. Grite como outrora gritava para seu pai ou sua mãe: "Onde está você? Você me fez. Você está nas flores, na lua e nas estrelas. Ficará oculto? Venha até mim. Faça isso. Faça isso". Com o intelecto e o amor de seu coração, rasgue os véus do silêncio. Com a vara da devoção, agite o éter — e ela produzirá Deus.

Capítulo 10

Viva seu Verdadeiro Potencial

※1※

A alma desperta tem cada vez menos desejos e encontra em si um mar de contentamento. Nos desejos nobres, como o de ajudar os outros, no entanto, a alma não perde a serenidade, mas encontra sua alegria enriquecida com as alegrias daqueles aos quais ela ajudou.

Não desperdice a paz da sua alma correndo constantemente atrás de pequenos desejos. Quando o vasto reservatório de paz interior é liberado pelos canais dos desejos insignificantes, essas águas de contentamento se perdem no solo das percepções materiais.

※2※

Cultive o equilíbrio emocional. Para superar a inquietação, comece com a determinação de fazer uma parte do trabalho por vez, sem complicações desnecessárias e sem sobrecarregar a mente com dúvidas inúteis. Limite seus pensamentos à tarefa que tem em mãos. Esqueça o que acaba de fazer e concentre-se no que fará em seguida.

— Uma promessa espiritual sugerida por Yogananda —

Eu me concentrarei nos ensinamentos e serei fiel às práticas diárias e confiáveis das técnicas.

Vou ter um pequeno templo no meu quarto onde quer que eu esteja (um armário ou mesmo um canto afastado).

Eu me considerarei o sacerdote do meu templo, para me corrigir e ensinar ao público (que consiste em meus pensamentos e sentimentos diversos, não treinados), de modo que possa ser um exemplo ideal e, assim, prestar um serviço real aos meus semelhantes.

Ajudarei os outros usando o melhor da minha capacidade todos os dias, material, mental e espiritualmente.

Esforçar-me-ei por viver de acordo com as seguintes regras morais e espirituais:

Eu não julgarei os outros — só a mim mesmo.

Eu me recusarei peremptoriamente a ouvir ou ler discussões indelicadas dos outros.

Tentarei ser eficiente em tudo — nem passivamente dependendo de Deus nem egoisticamente reivindicando o crédito para mim mesmo quando tiver realizado alguma coisa.

Eu alcançarei sucesso por meio de meu próprio esforço e do poder de Deus em mim.

Eu amarei todos os templos e igrejas como a casa de meu Pai, mas serei fiel a esses ensinamentos. Eu tentarei ajudar meu Centro local da maneira que puder.

❋3❋

Sob quaisquer circunstâncias, você deve ficar calmo e controlado. Mesmo que desabem as tempestades das provações, você deve ser capaz de conduzir calmamente o navio da concentração para as praias da bem-aventurança.

A pessoa comum é influenciada pelo meio ambiente. O homem de concentração molda a sua própria vida. Ele planeja sua rotina para, ao final do dia, ter seus planos concluídos e ficar mais próximo de Deus e do seu objetivo.

Você não deve culpar ninguém, além de si mesmo, pelos seus problemas. Todas as manhãs, decida que será gentil com seus amigos e inimigos; que meditará mais profundamente que no dia anterior; que lerá bons livros e assim por diante. Analise-se e descubra se progrediu ou não. Você não deve levar uma vida estagnada. Todos os dias, estimule-se a conquistas maiores.

❋4❋

Certifique-se de que aquilo que você deseja lhe convém e depois use toda a sua força de vontade para alcançar seu objetivo, sempre mantendo a mente voltada para Deus. Não deseje outra coisa em seu coração exceto conhecer Deus; assim, todas as coisas virão até você.

→5←

Para criar uma força de vontade dinâmica, determine-se a fazer todas as coisas que você achava que não faria nunca na vida e dedique toda a sua força de vontade para realizar uma coisa de cada vez. Certifique-se de ter feito uma boa seleção e, em seguida, recuse-se a ceder ao fracasso. Use sua força de vontade para se aperfeiçoar nesta vida. Você deve depender cada vez mais da mente porque a mente é a criadora de seu corpo e de suas circunstâncias.

→6←

De agora em diante, procure cumprir seus deveres interessantes com todo o seu coração — e seus deveres desinteressantes, com profunda atenção.

Exclua todo pensamento disperso que surgir em sua mente quando estiver concentrado em um problema importante. A maioria das pessoas pensa em assuntos totalmente diferentes quando está cumprindo deveres importantes. Alguns homens de negócios não são bons ganhadores de dinheiro nem maridos bem-sucedidos porque, quando estão no escritório, ruminam problemas com suas esposas e, quando estão em casa, só pensam nos problemas da empresa.

Concentre-se em uma coisa por vez. Sua concentração se torna superconcentração quando você a transforma em poder de realização ilimitado, combinando-a com o poder de Deus.

❖7❖

Medite regularmente por meia hora toda manhã e por meia hora antes de dormir à noite. Sente-se tranquilamente depois da meditação, sentindo uma paz inalterável. *O sentimento que faz você desfrutar da paz durante ou após a meditação profunda é chamado de "intuição".* Se você continuar exercendo esse poder diariamente, ele crescerá e estará pronto para ajudá-lo.

Sempre que você quiser resolver um problema intuitivamente, primeiro entre em meditação profunda ou fique em silêncio. Não pense no seu problema durante a meditação. Medite até ter uma sensação de calma que preencha os recessos do seu corpo e sua respiração se torne calma e silenciosa. Em seguida, concentre-se simultaneamente no ponto entre as sobrancelhas e no coração. Peça a Deus para direcionar sua intuição, para que você saiba resolver seu problema.

A intuição é desenvolvida quando você:

- exercita o senso comum;
- pratica a introspecção e a análise diariamente;
- recorre à profundidade de pensamento e à atividade concentrada;
- permanece calmo e
- preserva os efeitos serenos da meditação.

Você deve se concentrar em aumentar a qualidade receptiva de sua intuição. A sede infinita de todo conhecimento está dentro de você. Com um cérebro desperto, você entenderá todas as coisas.

※8※

O yogue sempre tenta manter sua paz, nascida da meditação, entronizada em sua mente, em todas as atividades e em todas as relações com os outros. Se você é um deus da paz após a meditação e, de repente, se transforma em um demônio da desarmonia por coisas insignificantes, então suas meditações são de pouca utilidade. A meditação lembra-o de sua esquecida natureza serena, com a qual você subjuga sua inquietação mental adquirida como um mortal.

※9※

Mantenha a concentração nos efeitos posteriores da meditação a cada minuto de sua existência e não neutralize essa paz com pensamentos perturbadores.

Se você jogar um saco de sementes de mostarda no chão, será difícil recolocá-las no saco. Se, por imprudência, você abrir a bolsa da concentração, todos os pensamentos, como as sementes de mostarda, se espalharão e será difícil reuni-los novamente. Juntando os pensamentos e moendo-os com o poder da concentração, você pode extrair o óleo da autorrealização.

❖10❖

Não procure reconhecimento. Procure, isso sim, agradar a Deus. Se fizer isso, as pessoas vão querer estar ao seu lado, pois sentirão em sua natureza aquela qualidade que reflete Deus. Carregue Deus, como uma tocha acesa em seu coração, por todos os caminhos da sua vida diária. Você nunca ficará sozinho e sem amigos se entrar conscientemente em contato com Deus. Tudo o mais pode falhar e desaparecer, mas Ele nunca falhará com você.

Dê uma chance a Deus para seduzi-lo com o Seu amor. Então, nada mais poderá seduzi-lo ou vencê-lo. Você acha a tentação material encantadora apenas porque ainda não conhece as alegrias da felicidade da alma. Você só poderá compará-las depois que tiver experimentado ambas.

Teste seus hábitos e veja se eles estão controlando você. Mostre a eles que você tem domínio. Não deixe nada interferir em sua felicidade. Você nunca ficará satisfeito e livre da miséria humana até conhecer Deus e permanecer Nele; sua alma deverá encontrar o Todo para ser completa.

Lembre-se de que a virtude sempre triunfa no final, embora isso possa levar mais de uma vida. Nunca desanime com o sofrimento e a perda. Por meio de seus sofrimentos, aprenda a simpatizar com os outros e se sentir em todos. Assim, você entrará finalmente em seu reino verdadeiro, para gozar de uma felicidade além da expectativa.

❖11❖

Não espere ser bem-sucedido em todas as suas tentativas na primeira vez. Alguns empreendimentos podem falhar, mas outros terão sucesso. Com energia concentrada, você deve iniciar a tarefa seguinte e fazer o máximo para realizar o que for necessário.

Para se alinhar com a abundância de Deus, você deve erradicar para sempre de sua mente todo pensamento de pobreza ou carência. A mente universal é perfeita, não conhece a carência; e para alinhar-se com esse Reservatório que nunca se esgota você deve criar uma consciência de abundância, mesmo não sabendo de onde virá a próxima moeda.

Uma vez que todos os negócios, direta ou indiretamente, estão conectados com as leis de Deus, traga a presença consciente de Deus para sua mente por meio da meditação, a fim de resolver seus problemas dados por Ele.

❖12❖

Sempre se debruce sobre o pensamento de sua perfeição inata em Deus. Ouro é sempre ouro, embora esteja sepultado sob o entulho das eras.

❖13❖

Deixe que seu objetivo supremo seja fazer os outros felizes, para que você também o seja. Nunca pense que está agindo desinteressadamente. Sempre pense que está agindo para seu próprio prazer e que encontra prazer tornando os outros felizes.

❖14❖

Deus ama você tanto quanto ama Krishna, Jesus e outros grandes mestres. Você é uma gota do mesmo oceano do Espírito. Pois o oceano é composto de todas as suas gotas. Você é uma parte de Deus. Você recebeu sua importância do próprio Senhor. Você é Ele mesmo.

❖15❖

Assim como o pianista está sempre pensando em sua música, o amante de Deus está sempre pensando em Deus. Essa alegria alimenta o cérebro, o coração e a alma. Essa alegria sempre nova é Deus.

❖16❖

A voz do Infinito é forte e poderosa; quando essa força dinamiza seu corpo, todas as vibrações erradas desaparecem. Quando você sente o Poder Eterno falando por meio da sua voz, por meio do seu silêncio, por meio das suas ações, por meio da sua razão, então você sabe que tem algo que vai durar além do túmulo.

❖17❖

Você vive num estado de alucinação, julgando-se um mortal que luta e sofre. Por meio da meditação, você entra em contato com seu Eu Real e esquece o que julgava ser.

Todos os dias você deve sentar-se em silêncio e dizer: "Eu não sou a terra nem o céu. Nem nascimento nem morte são meus. Pai e mãe não tenho; sou a Felicidade infinita". Se você repetir essas frases com frequência e pensar nelas dia e noite, será aquilo que realmente é. Somente aqueles que meditam percebem que na mente superconsciente existe uma terra de felicidade eterna.

Deus chega cada vez mais perto de você quanto mais profundamente você medita. A paz da meditação é a linguagem e aceitação de Deus. Encontre Deus no trono da paz dentro de você primeiro e O encontrará depois em todas as buscas superiores da vida: nos amigos verdadeiros, na beleza da Natureza, nos bons livros, nos bons pensamentos, nas nobres aspirações.

Nada, exceto Deus, pode satisfazê-lo ou eliminar completamente suas tribulações. Sua alma, uma Parte separada, deve encontrar o Todo para ser completa. Sua satisfação deve encontrar a satisfação perfeita em Deus; seu conhecimento deve saciar sua sede bebendo a sabedoria de Deus; sua paz só pode ser completa com a paz de Deus; sua existência só pode ser imortal com a imortalidade de Deus; sua consciência só pode ser permanente quando ligada à consciência cósmica. Sua alegria pode ser interminável, sempre divertida, quando combinada com a alegria de Deus.

18

Os curtos séculos de anos humanos são apenas dias, ou melhor, apenas algumas horas na consciência de Deus. Acorde! Fuja dos sonhos insignificantes para a percepção da vastidão dentro de você. Você está sonhando que é uma grande abelha, zumbindo em torno do mel envenenado dos enganos dos sentidos.

Venha, eu lhe mostrarei que você é o fogo eterno, bebendo com inúmeras bocas a bênção do néctar escondida nos favos de todos os corações e de todas as coisas. Não alimente mais seus hábitos humanos com ações humanas ilusórias. Em vez disso, medite constantemente e ame Deus o tempo todo, de modo que sua natureza onipresente possa ser revivida em sua consciência, deslocando crenças e hábitos ligados ao corpo e aos sentidos.

Beba o néctar do amor de Deus em todos os corações. Use cada coração como sua própria taça para sorver a ambrosia do amor de Deus. Não beba o amor divino de um só coração, mas beba de todos os corações somente o amor de Deus.

Aprenda a amar a Deus como se Ele fosse a alegria sentida na meditação. A Vitória está muito perto. Escolha apenas bons caminhos antes de começar a correr apressadamente. Pense em Deus ao começar a jornada de seu dever espiritual ou material. Pense em Deus a cada passo que der em seu caminho.

Escolha criteriosamente bons alimentos. E pense em Deus antes de comê-los, enquanto estiver comendo e depois de comer.

Invoque Deus como poder no templo da consciência durante o dia. Que toda palavra e ação sejam permeadas pelo amor a Deus. Fale e aja com sensatez, sempre embriagado com Deus, e deixe que toda ação do cotidiano seja um templo da memória de Deus. Realize cada ação para agradá-Lo; assim, no santuário de cada ação, de cada pensamento, Deus brilhará.

Mantenha o amor de Deus profundamente em seu coração antes de dormir, para que possa sonhar com Ele descansando no altar do sono sob os traços de Krishna, Cristo, Paz ou Bem-aventurança. Quando você dorme, Deus o estreita ao peito como paz e alegria. Você repousa então entre Seus braços de tranquilidade. Portanto, antes de adormecer, pense que você irá abraçá-Lo como paz no sono e nos sonhos.

Entronize a paz e a alegria em seu coração. Sinta a alegria, não importa quem você encontre ou o que faça. Assim, ainda que o universo se dissolva no nada ou seu corpo seja dilacerado pelas provações, você O encontrará dançando em sua memória para sempre.

Agarre-se ao seu tesouro espiritual de alegria. Cultive-o instilando-o em outros corações. Nunca entregue sua alegria aos ladrões da preocupação e do egoísmo. Apegue-se à alegria, não importa que a morte bata à sua porta ou que sua própria mente subconsciente lhe diga: "Tudo está perdido".

Afogue todos os ruídos no silêncio da sua invencível alegria e sentirá Deus reinando no altar de todo pensamento e sentimento. Você descobrirá que o mal e a miséria foram suas próprias criações oníricas. Você dormiu e teve um sonho ruim, mas despertou em Deus e agora sente apenas a alegria e a virtude existentes em todos os lugares.

APÊNDICE

Pratique as Técnicas Deste Livro

CARO LEITOR:

Neste livro, Yogananda sugere diversas técnicas para transformar sua vida. Você pode fazer os seguintes exercícios durante todo o dia, para manter sua consciência elevada e expandida. Desse modo, sua vida será enaltecida e abençoada pela alegria interior.

As referências são dadas por capítulo e número de citação (Capítulo: Número de Citação).

Afirmação, 3:6, 6:1-7, 6-11
Amor a Deus, 3:10-2, 10:19
Atenção, 5:7, 10:2, 10:7
Como superar a autocompaixão, 4:3-4
Complexos de inferioridade ou superioridade, 4:6
Medo, 4:7
Nervosismo, 4:10
Preocupação, 4:8-9
Tentação, 2:4-5
Foco no bem, 5:3, 5:9
Intuição, 10:8
Oração, 6:11, 7:2, 8:3, 8:5
Técnicas de meditação, todas do Capítulo 9, 10:18

Ananda Sangha no mundo

Ananda Sangha é uma irmandade de almas afins que seguem os ensinamentos de Paramhansa Yogananda. A Sangha estimula a busca de uma consciência mais elevada, por meio da prática da meditação e do ideal de servir aos outros em seu empenho na autorrealização. Aproximadamente dez mil buscadores espirituais são membros da Ananda Sangha em todo o mundo.

Fundada em 1968 por Swami Kriyananda, discípulo direto de Paramhansa Yogananda, a Ananda conta com sete comunidades nos Estados Unidos, na Europa e na Índia. Em todo o mundo, cerca de mil devotos vivem nessas comunidades espirituais, que adotam o ideal de Yogananda de "vida simples e pensamento elevado".

Swami Kriyananda viveu com seu guru durante os últimos quatro anos da vida do Mestre e continuou a servir sua organização por outros dez anos, levando os ensinamentos do Kriya Yoga e Autorrealização a públicos nos Estados Unidos, na Europa, na Austrália e, de 1958 a 1962, na Índia. Em 1968, juntamente com um pequeno grupo de amigos íntimos e estudantes, fundou a primeira "fraternidade mundial" no sopé das Sierra Nevada Mountains, no nordeste da Califórnia. Inicialmente um centro de retiro de meditação localizado em 0,27 km² de terra coberta de florestas, a comunidade Ananda-Fraternidade Mundial hoje ocupa 4 km², onde cerca de 250 pessoas vivem uma vida dinâmica e satisfatória baseada nos princípios e nas práticas de desenvolvimento espiritual, mental e físico, na cooperação, no respeito e na amizade divina.

No momento, após quarenta anos de existência, a Ananda é uma das redes de comunidades espirituais mais bem-sucedidas do mundo. Comunidades urbanas foram fundadas em Palo Alto e Sacramento, Califórnia; Portland, Oregon; Seattle, Washington. Na Europa, perto de Assis, na Itália, foi estabelecido um retiro espiritual e uma comunidade em 1983, onde hoje vivem quase cem residentes de oito países. E, na Índia, novas comunidades foram fundadas em Gurgaon (perto de Nova Délhi) e em Puna.

The Expanding Light

Somos visitados por cerca de duas mil pessoas anualmente. Oferecendo uma programação variada, durante todo o ano, de aulas e seminários sobre yoga, meditação, práticas espirituais, treinamento de professores de yoga e meditação, e retiros para renovação pessoal, The Expanding Light recebe os interessados de todas as formações. Aqui, você encontrará um ambiente de amor e aceitação, ideal para o crescimento pessoal e a renovação espiritual.

Esforçamo-nos para criar um ambiente descontraído e solidário onde as pessoas possam promover seu próprio crescimento espiritual. Compartilhamos as práticas de meditação não sectárias e a filosofia do yoga de Paramhansa Yogananda e de seu discípulo direto, o fundador da Ananda, Swami Kriyananda. Yogananda chamou seu caminho de "Autorrealização" e nosso objetivo é ajudar nossos convidados a sintonizar-se com seus próprios eus superiores.

Os convidados de The Expanding Light podem aprender as quatro práticas que compõem os ensinamentos de Yogananda sobre o Kriya Yoga: os Exercícios de Energização, a técnica *Hong-Sau* de concentração, a técnica AUM e o Kriya Yoga. As duas primeiras técnicas estão disponíveis para todos os hóspedes; as outras duas são reservadas para aqueles que desejam se aprofundar mais nesse caminho.

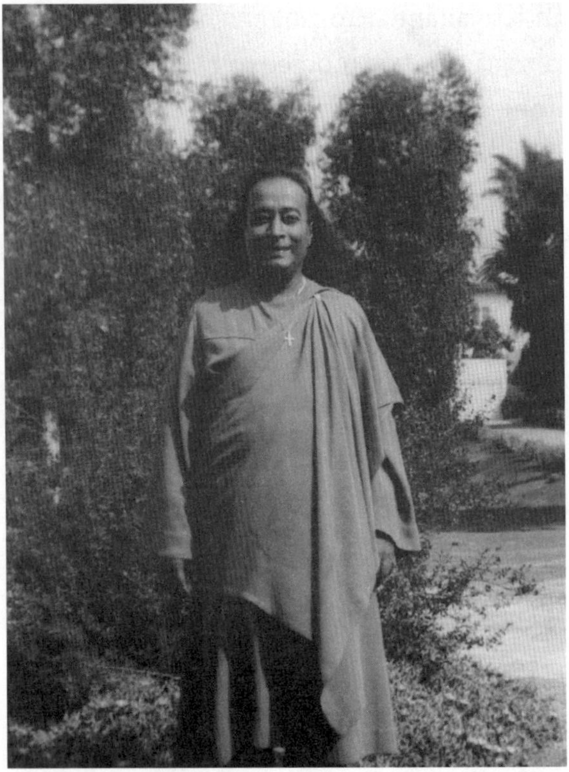